D1719948

Für meine Mutter Luz Romero;
Denn dank ihr bin ich tatsächlich
der "Sohn des Lichts"

国際武
道雑誌

Graphik:: SERGRAPH, S.L.
ISBN: 978-38-68360-57-8
Depot - Nr.: M-12139-2009

Der heilige Krieger

Alfredo Tucci

Vorwort

Vor etwa zwanzig Jahren stellte sich Alfredo mit einem Buch auf englisch im Büro vor. Das fragliche Buch hatte den Titel "Karate Do. My way of life", von Gichin FUNAKOSHI.

Wegen meiner damaligen Unwissenheit bezüglich dieser Themen fragte ich ihn: "Und was ist das für ein Buch?" Er, mit seinem Wissen über die Materie, antwortete mir:

"Dies ist ein fundamentales Buch in der Kampfkunstliteratur".

Und so wurde dieses Buch zu meiner Überraschung zu einem wahren Bestseller. Und während wir dieses und andere Bücher zu Kampfthemen herausgaben, begann ein Abenteuer, das kaum jemand in der Welt der Herausgeber vorhersehen konnte und das wir später um eine große, erlesene Liste von Videos erweiterten, so wie um die Zeitschrift "Cinturón Negro", die heute in sieben Sprachen erscheint, darunter Kampfkunst International als deutschsprachige Ausgabe.

Genau über dieses Kampfkunstmedium hat der Autor jeden Monat seine breiten Kenntnisse enthüllt und vor allem seine Fähigkeit, die traditionelle Welt und ihre Anwendung in der modernen Welt zusammen zu führen. In diesen Vorworten kann man am besten seine Fähigkeit zum Erklären sehen, warum das Traditionelle und das Aktuelle nicht nur kompatibel sind, sondern sogar eine untrennbare Einheit formen.

Mit seinem neuen Buch zeigt uns Tucci einmal mehr nicht nur sein Wissen über theoretische Themen, sondern er berührt - und dies ist vielleicht sein größter Erfolg - die Praxis einer ganzen faszinierenden Welt als Komplex.

"Der heilige Krieger", der nun herausgegeben wird, ist nicht nur die Weiterführung der von Alfredo interpretierten Welt, er ist zudem ein qualitativer Sprung der Themen, die er studiert. Themen, die den Menschen schon immer beschäftigt haben: Der Tod, der Kampf ums Überleben, Ehre und der Weg des Mutes, der Verantwortung und des Pflichtgefühls, all dies mit Bescheidenheit, die er selbst in einem der Kapitel im Buch beschreibt.

In einer Sprache, die die "Modernen" heutzutage als "politisch inkorrekt" bezeichnen, begegnet uns eine Reihe von Lehren und Meinungen, die man teilen kann oder nicht (ich persönlich teile sie fast zu hundert Prozent), aber die zweifellos Absicht, Ehrlichkeit,

Intelligenz und das Gefühl, Wissen und Freundschaft zu teilen, ausstrahlen.

John Huston sagte, dass jeder für sein Gesicht verantwortlich ist, daher teilt Alfredo sein Wissen und seine Freundschaft, wenn er schreibt, weil er schreibt, wie er ist.

Estanislao Cortés.
Schriftsteller und Dichter.

Vorwort

"Der Weise lebt nie in Einsamkeit, denn er ist von Natur aus gesellig und umgeben von Aktion"

(Diogènes Läercio)

In dieser verwirrten und veränderlichen Welt ist der Mensch zu einem Fremden auf seinem Planeten geworden. Er versucht, das Chaos der heutigen Gesellschaft zu überstehen, sucht nach Harmonie, will den Faden zwischen seiner inneren und der ihn umgebenden Welt erneuern. Der Weg erfordert viel Verantwortung und manchmal auch Einsamkeit, Stille und sogar ein wenig Askese. Es ist nicht leicht, mit sich konsequent zu sein und es scheint uns ungewöhnlich, unserem Wesen entsprechend zu handeln.

Für die Choreographin Carolyn Carlson ist die Weisheit heute eine Fähigkeit, die Welt intensiv zu beobachten, mit einer nicht geringen Dosis an Mitgefühl, Verehrung und Distanz. Besonders die Distanz zu wahren – betont sie – ermöglicht es uns, das Leben durch den gleichmäßigen Fluss unserer eigenen Erfahrungen objektiv zu eichen.

Ich bin in der Materie der Kampfkünste nicht versiert, aber das ist nicht nötig, um all die Lehren hoch zu schätzen, die sich in dem neuen Werk von Alfredo befinden. Vielleicht kommt die Schönheit der Gedanken darin aus ihrem Respekt vor der natürlichen Ordnung. Erkennen, dass die Gewalt Teil unserer selbst ist und sie als Teil des menschlichen Verhaltens anzunehmen, ist die einzige Art, damit sie uns nicht beherrscht, wir sie kanalisieren und lenken können.

Wie der Autor beschreibt, stärkt es den Körper und trägt zur Entwicklung einer heiteren und starken Seele bei, die nicht bei den vielfältigen Stürmen zerbricht, die uns heimsuchen, den Lehren eines echten Meisters zu folgen. Die Widrigkeiten sollten uns nicht zu viel Schmerz bereiten, doch auch vor unbändigem Glück sollte man sich in Acht nehmen. Alles hat ein Ende. Ein entfernter Punkt lässt uns sehen, was hinter den Umständen steckt: die Essenz.

Tucci zeigt uns auch einen Weg. Sein Vorschlag ist kein leichter, neben der herrschenden Bequemlichkeit und der geringen Wertung der Anstrengung. Es ist ein Weg, der Anstrengung auf Grundlage von Disziplin erfordert. Ein echter Kampf, vor allem gegen sich selbst, aber auch gegen den einzelnen Gedanken, gegen das sich gehen lassen im Fluss einer massiven Geringschätzung, die das

Wohlergehen über alle Dinge stellt. Die Erfahrung und die Kenntnis von Alfredo versuchen, uns von einer einschläfernden Träumerei zu wecken, uns ein Fenster zur Klarheit, zur Reflexion zu öffnen... und natürlich zur Weisheit.

Der Schriftsteller Fréderique Ildefonse fordert ein Denken und eine Erfahrung wie Säulen, um sich in einer Welt voller Lärm und Furore zu bewegen:

"Jede unserer Handlungen ist wie ein Garten, den wir pflegen; jeder unserer Gedanken ist wie ein Garten, durch den wir schreiten".

Die Seiten des neuen Buches lehren und zeigen, dass ein Leben der Reflexion ein weniger trauriges Leben ist, weniger sparsam, in dem der Intellekt die Inspiration unseres Verhaltens sein will. Genießt es.

Salomón Castiel
Journalist

Vorwort

Mit einem Zitat von Carlos Castaneda – gewiss eines meiner liebsten dieses Autors – eröffnet Alferdo Tucci das Album der Reflexionen oder Meinungen, wie auch immer man es sehen mag, in seinem neuen Buch "Der heilige Krieger", das ich mit großer Freude gelesen habe.

Ob man Befürworter der Inhalte solcher Reflexionen ist oder nicht, sie strahlen Menschenverstand aus (freilich den unvernünftigsten Verstand) und gefallen mir wegen ihres Stils, der stets stark und direkt ist, das Detail und genaue Wortwahl pflegen und, natürlich, die besondere Treffsicherheit und der exquisite Geschmack der guten Zitate.

Wenn sein Schwert teilt, so fügt seine Feder zusammen. Letztere jeden Tag mit mehr Schliff und Härte, die in diesen Zeiten dringend nötig sind, in denen Musik mit Lärm verwechselt wird.

Vom Krieger zu sprechen ist meiner Ansicht nach nicht leicht, aber von seinem Herzen und seinen Eingeweiden zu reden ist noch schwieriger. Es gibt so unterschiedlichen Sinn wie Krieger, dennoch haben alle einen gemeinsamen Faden, einen Hintergrund, eine Absicht, die sie zu dem machen, was sie sind: Krieger, kämpfend oder nicht, denn der Mensch lebt nicht nur von der Disziplin. Letztlich ist jeder, der seine fünf Sinne bei jeder Handlung beisammen hat, es wert, als solcher bezeichnet zu werden. Es ist keine leichte Aufgabe, das mit dem Hier und Jetzt, meine ich, wahrscheinlich unmöglich. Allein der Versuch ist ein Gewinn, und wenn man es denn schafft, wenn auch nur für kurze Momente, berührt man mit den Fingerspitzen die einzig existierende Ewigkeit.

Es ist diese totale Aufmerksamkeit, die den normalen Menschen zu einem freien Krieger macht. Die Notwendigkeit, Meisterin unseres Werdens, zum Guten oder zum Schlechten, drängt den Menschen mit makelloser Änderungsabsicht auf diesen Weg und weiß fast nie, was daraus entsteht. Castaneda sagte, dass ein Krieger der Freiheit (bzw. der Befreiung) vierundzwanzig Stunden täglich kämpfe, den Großteil davon gegen seine eigene Dummheit. Wenn er diese Tat vollbringe, solle er genau so lange weiterkämpfen, damit diese Dummheit nicht zurückkehre. Denn es ist bekannt, dass wir Gewohnheitstiere sind und dies ist der enorme Preis, den wir zahlen, um den Anschein eines Gefühls von Sicherheit zu haben, dass diese

Realität die einzige existierende ist und es außerhalb des Alltäglichen, des Festen nichts gibt.

Von all dem spricht der Autor dieses Buches lehrerhaft, davon und von mehr, denn es gibt in seinem scharfsinnigen Hirn – und man muss sehen, wie er es zeigt – Platz für weitere, sehr interessante Fragen, die mehr als einmal den Finger in die Wunde legen, wie die Gesetze des Lebens, deren sich niemand erwehren noch darüber hinwegsetzen kann, wie der Autor sagt, so mystisch, erleuchtet oder „supermannmäßig" er auch sein mag. Das Leben hat seine Regeln Millionen von Jahre lang aufgeweicht, vielleicht ist eine davon, dass man meint, sich darüber hinwegsetzen zu können. Das ist nicht schlecht! Auch Don Quijote existiert! Danke Tucci, viele danken Dir aus ganzem Herzen für so viel Klarheit.

Aber für was man Dir wirklich danken muss, weil man es verwerten kann, ist Deine meisterhafte Darlegung in: "Nutzen, Wunsch, Vorhaben", dieses wundervolle Kapitel, das mit einem eloquenten Zitat von Groucho Marx beginnt. Welche Verschwendung Tucci! Lest es! Lest es! Ich hoffe, Ihr genießt es so sehr, wie ich.

Wie gesagt, es ist eine Ehre für mich, diese einfachen Zeilen schreiben zu dürfen, wie ich finde simples Gekritzel in Deinem brillanten Mosaik des Scheins, das ich mit meinem groben Bleistift nicht beflecken wollte, denn die Natur hat mich für den Weg der Worte nicht ausgestattet und obwohl sie mir nicht eingegeben hat, diese Zitate zu bringen, die Du so gern magst, musste ich auf ein geliehenes zurückgreifen, und zwar:

> *„Mein Freund aus der Ferne kommt verletzt*
> *Mein Geliebter aus der Ferne kommt verarztet"*
> *Emilio Cao*

„Es gibt nichts besseres, als Deinen Verband nun zu zerreißen, geliebter Heiliger Krieger"
¡ BANZAI !

Francisco Suárez
Osteopath und Kampfkünstler

Kalligraphie: Seishi "Heiliger Krieger"

Der heilige Krieger

Der Heilige Krieger

"Die bloße Idee des Todes gibt dem Menschen genügend Abneigung, um unfähig zu sein, sich zu vernachlässigen. Die bloße Idee des Todes gibt dem Menschen genügend Abneigung, dass er sich nichts verweigert. Ein solcher Mensch aber ersehnt nichts, weil er eine stumme Begierde nach dem Leben und all seinen Dingen entwickelt hat. Er weiß, sein Tod jagt ihn und gibt ihm keine Zeit, sich an irgendwas festzuhalten, also probiert er ohne Sehnen alles."

Carlos Castaneda

In der Dämmerung der Menschheit waren der Schamane, der weise Medizinmann und der Krieger ein und dieselbe Figur. Menschen mit einem hohen Energielevel, die von einer unendlichen Neugierde berührt waren, starker Beobachtungsfähigkeit und dem tiefen Glauben an eine transzendente Einheit aller Wesen und Dinge. Die ersten Schamanen waren Pantheisten, ihre Idee nach einer natürlichen Ordnung, einer transzendenten Einheit, die in ihrem Entstehungszyklus alle Wesen vereinen, ist das natürliche Ergebnis eines Lebens, eingetaucht in der Natur. Und ich sage eingetaucht und nicht in Kontakt, denn um diese Einheit wahrzunehmen, muss der Schamane es mit seinem ganzen Wesen tun. Seine Religion war nicht Frucht eines intellektuellen oder metaphysischen Diskurses, nicht einmal einer Tradition, sie war etwas Physisches, Emotionales, Intensives, Direktes, Lebendiges, Gedachtes und Gefühltes. Der Mut des Schamanen entstammt dieser Gewissheit. Daher kommt auch sein Mut zu experimentieren und zu entdecken. Aus seiner Bescheidenheit heraus kommt seine Klugheit, aus der Notwendigkeit zu handeln die Gelegenheit zu lernen. Niemand konnte diesen gebrochenen Knochen heilen, alle Augen blickten auf ihn. Keine Ambulanz, keine Männer in weißen Kitteln oder mit der Lizenz zu töten, wie 007; es gab ein Problem und es musste eine Lösung gefunden werden. Die Spezialisierung und die Vervielfältigung der sozialen Rollen haben den modernen Gesellschaften viele fantastische Dinge gebracht und es uns ermöglicht, in diese Richtung des Komforts zu gedeihen und so unseren Erfolg als Spezies begünstigt. Tausende "Fachleute" für dieses und jenes sind die nötigen Anhänger, damit das Wunder der Moderne geschehe, aber auf dem Weg haben wir viele Dinge verloren und die globale Vision der Welt ist meiner Meinung nach nicht die geringste. Durch die Spezialisierung mit dem Werkzeug der "Analyse" (aus dem Griechischen "ana" trennen und "lisis" loslassen) begannen wir die Welt durch die Auflösung in ihre Teile kennen zu lernen. Die Details mit solcher Intensität zu sehen, verbarg uns oft die tiefe Einheit, die sie belebte, eine Einheit, die mehr ist, als eine simple Interaktion, die sich im Geheimnis eines authentischen Gefüges des "Uni-versus" (das Eine in Bewegung) verbarg. Also verstellte uns der Blick auf die Bäume den Blick auf den Wald. Die Sicht des "Fachmanns" ist der des "Strategen" entgegen gestellt, die das Vorne und Hinten zugleich sieht und die Wahrheit als eine ganze Sphäre wahrnimmt. Der Fachmann hingegen konzentriert sich auf die Struktur und die Funktion der Teile.

Der Schamane spaltet sich auf in Krieger und Arzt; der Krieger in Polizei und Militär; der Arzt in Oto-Rhino-Laryngologe, Dermatologe, Stomatologe, usw. ... viele "logos", also "Wörter" für ein und dieselbe Sache, das Wunder der Evolution, die der menschliche Körper ist. Es erscheint paradox, dass die Kraft, die die Spezialisierung durch die Polarisierung erreichte, die gleiche ist, die letztlich das Konzept des Individuums und damit die Möglichkeit des Bewusstseins schuf.

Das Bewusstsein ist analog zum Licht, zur "Erleuchtung", und dies geschieht durch den Zusammenstoß von genügend Kraft mit Energie-Materie. Das Universum ist wie dieser Traubenzweig, der sich, aus einem kleinen Stängel kommend, in jede Traube verzweigt. In jeder Traube konzentriert sich die Kraft im Kern, der sich im Samen eines neuen Lebens entzündet und einen neuen Baum in seiner ganzen Pracht erschafft.

Der Verlust der Einheitsvision zeigt sich in einem bedeutenden Drama für die Individuen und verwandelt sich oft in die Quelle von Blindheit, die zu viel Abhängigkeit bedeutet, die die Freiheit behindert, das natürliche Streben, das als konsequentes Ergebnis des Bewusstseins kommt. Die Autonomie ist essentiell, um eine eigene Meinung zu entwickeln und diese ist unentbehrlich, um zu begreifen. Die Vision der Strategie oder der Einheit wird so zu einem wichtigen Werkzeug für den heiligen Krieger. Das analytische System dagegen ist wenig nützlich dafür, denn auch wenn man Tausende von Jahre lebt, könnte man nicht das ganze Wissen sammeln, das die

Fachleute in den unendlichen Feldern der Wissenschaft beherrschen. Umso weniger kann man dies im kurzen Zeitraum eines normalen Lebens. Dennoch ist das Leben eine multidisziplinäre Angelegenheit und wir sollten stets fähig sein, transzendentale Entscheidungen in unserem Leben zu treffen, und jede einzelne davon bringt uns unausweichlich zu einem neuen Kreuzweg. Jedes Mal, wenn wir eine Richtung wählen, lassen wir 359 Grad der anderen beiseite. Wie paradox! Wir machen einen Beruf daraus, ignorant zu leben!

Natürlich gibt es keinen Weg zurück aus diesem Prozess. Wie leben nun mal in diesen Zeiten, aber wir können unser Wissen und unsere Erfahrungen verwalten, um unser Bewusstsein zu fokussieren. Der Weg des heiligen Kriegers ist meiner Meinung nach die einzig mögliche Alternative. Das heißt, aus den Disziplinkünsten im weitesten und tiefsten Sinn einen Weg des Bewusstseins zu machen, einen Sprung zu einem Treffen mit sich selbst und mit Allem, durch den Weg des impliziten Wissens in vollkommener Einheit von Krieger und Medizinmann. So werden die Kampfkünste zum Vorraum des wissenden Menschen; Schaden und Heilung, Gesicht und Rückseite einer Sache finden ihre passende Ergänzung. Auf einem solchen Weg können die Menschen sich die Fähigkeit aneignen, ein Erlebnis von verschiedenen Ebenen aus und durch sie zu begreifen, die Möglichkeit zu einem parallelen Gedanken zu kommen oder auch beide Gehirnhälften koordiniert zu benutzen. Die Schamanen, die mit solchen Fähigkeiten verbunden waren, die häufig im Menschen schlummern, konnten undenkbare Dinge im Bereich des Bewusstseins vollbringen. Damit meinen wir zum Beispiel Intuition, den sechsten Sinn... aber es ist Zeit, ihnen die geheimnisvolle und magische Maske zu entreißen, denn es sind einfach Fähigkeiten, die in unseren Gehirnen lauern, in unseren Möglichkeiten, die Welt nicht nur anzuschauen, sondern auch "zu sehen"; daher nannte man diese Leute in der Antike oft "Seher" und Visionäre.

Um den Gebrauch der Information zu fokussieren sind einige Werkzeuge recht nützlich, manche aber völlig unentbehrlich. Die Funktion, die Natur der Dinge zu begreifen, beginnt damit, sich selbst so nah wie möglich zu studieren. Nichts kann das "erkenne Dich selbst" ersetzen, was die Vorderseite des Delphischen Orakels krönte.

Das Ganze und der Teil sind das Gleiche, daher muss man nicht weit gehen, um das Wissen zu finden. Es reicht aus, sich mit dem eigenen Sein zu beschäftigen: Ein Studium, für das wir natürlich ziemlich motiviert sind, denn es ist der Grund, weshalb wir alles tun, direkt oder indirekt.

Es ist alles da und zur Hand! Das Hauptproblem des Menschen liegt darin, dass es keinen Tauberen gibt, als den, der nicht hören will. Es gefällt uns, eine Version über uns selbst und die Welt mit unseren Geschmäckern zu hören, bevor wir uns in einer Realität, die jeder Liebe beraubt ist, wieder finden, aber klar ... dazu muss man den Raub der Liebe oder das Schnurren unserer Gedanken und Kataloge aufhalten. Die Alten nannten diesen Trick "die Welt anhalten".

Die Kraft des Weges der Kampfkünste liegt in ihrer Notwendigkeit und es gibt nichts notwendigeres, als das Überleben zu sichern, sowohl im Sinne der Sicherheit, als auch der Gesundheit. Viele moderne Schulen unterschätzen diesen Abschnitt, ohne darauf zu achten, dass dies eine transzendentale Gesichtsverstümmelung für die Möglichkeit ist, den Weg der Kampfkünste mit seiner größten Erklärung als heiligen Weg aufzunehmen. Beide Aspekte sind verschiedene Seiten einer Medaille, daher muss die Gesundheit auf dem Weg des bewussten Kriegers täglich mehr bedeuten, als ein Gegenstand des Studiums. Der Reduktionismus des Fachmanns, des Spezialisten, wird so zur größten Beschränkung der Kampfkünste und stellt sie in der Folge vor die einzige Option, sich in Kampfformeln, sei es für den Sport oder zur Selbstverteidigung, zu verwandeln. Von ihrem heiligen und transzendenten Sinn entblößt, verlieren die Kampfkünste ihr höchstes Ansehen, ihr größtes Potential für Schüler und Gesellschaft zu entwickeln.

Alle Wege der Kampfkünste jedoch teilen dieselben Wurzeln, die wir alle respektieren und beachten müssen. Jede erfüllt eine Aufgabe und kann sogar zu einer Schwelle, zu einer höheren Vision als transzendenter Weg werden, denn der Schlüssel zu dieser Tür ist eigentlich der Schüler mit seinem tiefen Wunsch zu wissen, mehr als die Struktur der Schule oder die natürlichen Grenzen jedes Meisters.

Diese respektvolle Einstellung war eine Konstante auf den Seiten dieser Zeitschrift, die ich leite und dabei in jedem Moment den Weg der Einheit durch Unterschiede stärke, Aktivitäten und Ereignisse, wie die "Hall of Fame" in Valencia oder die Internationale Schule der Kampfkünste unterstütze, indem ich auf diesen Seiten jede Erklärung abdrucke, die diese Familie im weitesten Sinne bildet. Als wir vor einigen Jahren das Inhaltsspektrum unserer Zeitschrift um Belange der Ordnungskräfte erweiterten, haben uns viele kritisiert.

Auch, als wir Militärisches mit einbezogen, und obwohl es heute unglaublich klingen mag, waren die Kritiken enorm, als wir den ersten Artikel über das "Vale Tudo" veröffentlichten. Später folgten viele Zeitschriften unserem Weg, aber es lohnt sich im Zeitungsarchiv die Barbareien zu suchen, die damals geschrieben wurden. Genau von dieser integrativen Vision rede ich heute, sie ließ mich in all den Äußerungen das gleiche gemeinsame Substrat sehen, die gleiche Herkunft. Der Militarist, der Polizist, der Sportler, der Wettkämpfer, der Krieger oder jede andere Äußerung der Polarisierung dieses ursprünglichen Großvaters aller, dem Medizinmann. Jeder repräsentiert auf seine Art den gleichen Versuch, einen latenten Impuls in jedem von uns, der den Weg der Kampfkünste geht, ein tiefer Wunsch nach Macht, Kraft und Positivität, nach Wissen, Gesundheit und Schönheit; ein Weg des Mutes, der Verantwortung, Pflicht und natürlich der Bescheidenheit. Jeder Ausdruck dieses Ursprungsweges ist nah an unserer eigenen Arbeit, so fern sie auch in den Formen auftauchen mag. Respektiert sie in ihrer Unterschiedlichkeit, schätzt ihre Nützlichkeit und vor allem liebt sie als einen Teil unserer großen Familie.

Der wahre heilige Krieger aber ist nach meinem Verständnis derjenige, der dem ursprünglichen Medizinmann am nächsten ist. Ihn interessiert nicht die weltliche Macht, denn das ist Aufgabe des Stammeshäuptlings. Seine Macht betrifft die Gesundheit der Gruppe und die Beziehung zum Mystischen; die Erziehung der Jugend, denn sie sind die Zukunft, und vor allem das Wissen zu erweitern und in jedem Fall bewusst zu leben. Der einzige Weg, dies zu erreichen, ist, sich mit diesem "Eins in der Bewegung" zu verbinden, mit dem großen Geist, dessen Mitglieder alle Menschen und Dinge sind, und schließlich mit ihm fließen zu können.

Anpassung

"Die Ignoranz bestätigt oder verneint; die Wissenschaft zweifelt."

(Voltaire)

Alles ist Anpassung. Alles passt sich an und akklimatisiert sich. Das Leben ist ein steter Prozess der Selbstverbesserung, der auf dieser Prämisse aufbaut. Bewusst und vor allem unbewusst versuchen sich unser Körper, unser Geist, die Gruppen und Gesellschaften dem universellen Befehl anzupassen. Der Wechsel ist das einzig andauernde in sich selbst und das, was sich nicht anpasst, zerbricht oder geht ein. Die Zeiten, die wir leben, sind Zeiten des Wechsels. Das, was früher wahrscheinlich tausende von Jahre gedauert hätte, können wir heutzutage innerhalb von Tagen, Stunden oder Minuten sehen. Die Beschleunigung ist eine andere Konstante unserer Zeit und sie ist gekommen um zu bleiben. Die Beschleunigung ist analog zur Hitze. Wenn sich der Zeitraum komprimiert, bewegen sich die Moleküle schneller und treffen öfters aufeinander. Aus dieser Reibung entsteht eine Erhöhung der Temperatur. Die globale Erwärmung ist das Ergebnis unserer Zeit. Wir sind hier, aber wir sind lange nicht so wichtig, wie wir erhoffen. Die neue Religion ist das ökologische Bewusstsein mit ihren eigenen Priestern, den Grünen, die mit langen Haaren, mit verträumten Augen und mit dem gleichen fanatischen Glitzern in den Augen denken, dass sie die Welt retten können. Die Schuld ist einmal mehr das perfekte Werkzeug, um das Volk unter Kontrolle zu halten. Jede Spirale wird von ihrem Inneren beherrscht. Das wissen die guten Kriegskünstler bestens. Die Mitte unseres Systems ist die Sonne, nicht die Automobilindustrie, auch wenn es ihr gefallen würde! Die Sonne gibt den Ton an... und wir müssen ihr gehorchen. Das CO_2 vermehrt sich und die Gletscher schmelzen, aber gut, es gibt nichts mehr, was dies aufhalten kann. Die guten Menschen sind mit der Botschaft der ewigen Rettung gekommen. Die Wahrheit ist niemals nur auf einer Seite, sie ist kreisrund. Jedes Gesicht hat eine Schattenseite, die genauso unsichtbar ist, wie die andere sichtbar ist. Mein Freund José María Sánchez Barrio hat mir die Tambur-Regulation beigebracht, eine wirksame und stimmige Antwort und Harmonie gegenüber solchen Phänomenen. Ich werde mich nicht weiter darüber auslassen, das habe ich bereits in anderen Artikeln und Büchern getan. Das funktioniert und es funktioniert sehr gut, und mit der Zeit findet man Gefallen am kalten Wasser, auch wenn man das am Anfang nicht geglaubt hat. Den Körper zu thermoregulieren ist eine gute Ausgangsposition, um Gewohnheiten zu ändern. Das bedeutet, das Haus von Grund auf zu ändern und somit Geist und Gefühle abzukühlen, wenn die Beschleunigung auf der Tagesordnung steht. Die Ökologie der Wahrheit fängt bei einem selbst an, und für die Erwärmung des Ökosystems reicht es aus, das innere Ökosystem eines jeden selbst zu betrachten. Alles ist das Ergebnis der Angst, wir sind diesem Vorgang der Erwärmung und der Beschleunigung ausgeliefert. Die gesamte Biosphäre muss sich diesen Konditionen anpassen, aber das weiß man bereits… zumindest die neuen Führer der neuen Religion müssten diesem Beispiel folgen. Aber heutzutage werden die Dinge verpackt, angeboten oder anders gesagt, wie jeder Luftballon, der, wenn er aufgeblasen wird, die Energie zur Peripherie gibt, zu den Formen, anstatt zu den Inhalten gezählt. Es sind nicht wenige, die Abstinenz verlangen, während sie ein Bordell führen. Die Vermehrung des Drucks ist eine andere Konstante in dieser energetischen Klimaänderung. Nehmen wir zum Beispiel die Auswirkungen auf den menschlichen Körper. Die Strukturen neigen dazu, sich mit der Hitze auszuweiten, und während sie das tun, drücken sie das anliegenden Gewebe zusammen und ziehen an den Polen des muskulären Systems. Das zusammengezogene Gewebe wirkt als Leiter für die Spannungen, aber diese zeigen sich oft in Reflexzonen, die sehr weit entfernt vom Ursprung liegen. Wenn man das auf andere Weise ausdrückt, endet die Beschleunigung in den Flammen der Entzündung; die Struktur weitet sich aus, drückt und erreicht einen Schmerzpunkt. Den Druck fühlt man in der Wirtschaft, im Fehlen von Zeit, in den oberflächlichen Beziehungen; mit andern Worten: in allem. Der Druck lässt uns nach innen gehen, er isoliert uns in der Anstrengung zu überleben. Wir leben in Gesellschaften, die jeden Tag autistischer werden, wir sind allein virtuell mit der Wirklichkeit verbunden, während das Leben über uns hinweggeht, anstatt dass wir das Leben leben.

Vor allem machen mir bei der Erwärmung die direkten Konsequenzen Sorgen, die diese erzeugt, auch in mir selbst. Ich glaube, dass es eine Konsequenz des schlechten Fokus auf das Ziel ist. Das bedeutet, dass die Aufmerksamkeit nach außen und nicht nach innen gerichtet ist. Es ist kein Paradoxon in dieser Vision, dass wir Schuld sind an einem Problem, das außerhalb von uns passiert. Auf bestimmte Weise leben wir etwas, das nicht mit uns geht. Es ist kein rein persönliches Problem, sondern ein Gruppenproblem, das die Politiker regeln müssen. Deswegen ist es eine Sache, die zusammen mit uns zusammenlebt, aber nur im Sinne der Schuld. Man ruft, noch haben wir Zeit, oder führt andere ähnliche Debatten, und genau deswegen bleibt die Angelegenheit auch außen vor. Sie ist dort an einem Ort in der Zukunft, aber ohne dass sie uns berührt, sie ist uns fern. Es ist Gut wenn wir über den Stress reden, davon, dass wir keine Zeit für nichts haben, fremd zueinander leben, Schmerzen hier und dort haben, den Druck andauernd fühlen, unter den Umständen leiden... und wir uns bewusst werden, dass diese ganzen Symptome einen gemeinsamen Rahmen haben, der uns antreibt und in einer Art globalen Synergie bewegt, fängt die Sache an begreiflicher zu werden. Sie ist uns näher: sie betrifft uns selbst. Ein Haus wird von den Grundsteinen aus aufgebaut, nicht vom Dach aus. Der erste Wechsel, den man machen muss, ist zu beschließen, dass wir es können und dass es uns wichtig ist, die Dinge zu ändern. Jede Änderung, die nicht diesen Anfang hat, dieses Ziel, ist es nicht wert darüber zu sprechen, denn man darf nicht vergessen, dass jeder mit noch so guten Absichten am Ende vielleicht genau das Gegenteil bewirkt. Das wäre nicht das erste und nicht das letzte Mal. Die Erwärmung kann von niemandem aufgehalten werden, auch wenn man immer mehr Steuern zahlen muss. So, als ob direkt ab morgen kein einziger Liter Benzin, kein einziger Kohlesack mehr auf der Welt verbrannt werden würde! Es ist die Mitte, die führt, nicht die Peripherie! Wenn die Wall Street niest, erleidet Europa eine Lungenentzündung. Alle Spiralen werden von dem Zentrum aus beherrscht, und das Zentrum unseres Systems ist die Sonne. Was kann man tun? Wir können uns immer anpassen. Mein Vorschlag ist, dass die Lehrer einen nach dem Training kalt duschen lassen und dass das, was in den Kampfkünsten gilt, auch ein Beispiel für den Rest der Welt sein wird. Aber es kann auch sein, dass man heutzutage anstatt der Schüler Klienten hat, die sich bei den ersten Anstrengungen in die Trainingshalle mit Whirlpool begeben, anstatt mit euch allein unter Blut, Schweiß und Tränen zu trainieren. Es ist politisch nicht korrekt zu sagen, wie gut, dass er dich zum weinen gebracht hat. Der wahre kriegerische Weg ist niemals bequem, wie sehr wir ihn auch schmücken möchten, deswegen werdet nicht müde, es weiterhin zu probieren. Und es ist sehr viel gesünder jede Unterrichtsstunde mit einer guten kalten Dusche zu beenden. Auf diese Weise kühlt sich das Innere ab und man spürt nicht den Stress, den Druck, die Erhitzung... den Schmerz. Ruhig zu bleiben ist nicht die Antwort, sich anzupassen verlangt spezielle Handlungen, ein Krieger in den heutigen modernen Zeiten zu sein bedeutet auch das.

Kalligraphie: Tekio "Anpassung"

Die Winde des Lebens

"Der Mensch hat Gott aus Angst erfunden, später war die Angst das Problem."

(U.P. Krishnamurti)

Die Menschen stellen sich einem konstanten Wind entgegen, einer kontinuierlichen Auflehnung und in unserem Herumwandern durch das Leben, ist das der Wind des Lebens. Der Wind des Lebens - einmal eine Böe, einmal ein Sturm - fordert uns als Individuen heraus, stellt die Sicht unserer Selbst in Frage, unsere Wünsche und Ziele. Unsere Struktur angesichts eines solchen Windes zu konfigurieren, ist es, Stellung angesichts des eigenen Lebens zu beziehen.

Die Segel in einem vollen Sturm zu öffnen ist genauso dumm, wie sie geschlossen zu halten, wenn der richtige Wind weht. Wir sind nicht alle die gleiche Art von Segelschiff; jeder von uns ist anders beschaffen, aber dennoch müssen wir alle selbst entscheiden, wann wir die Segel öffnen und wann wir sie schließen. Das ist die Freiheit und nichts anderes. Wenn wir Menschen in Harmonie mit unserer eigenen Natur leben, nehmen wir auf natürliche Weise die besten Stellungen angesichts der Winde des Lebens an. Wenn wir auf künstliche Weise versuchen, eine andere Stellung oder Haltung einzunehmen, die nicht unsere eigene ist, wird die Reibung zu groß und früher oder später wird diese künstliche Haltung zur Katastrophe. Die Menschen entfernen sich immer mehr von ihrer natürlichen und tierischen Seele. Vom Baum des Guten und des Bösen zu essen, war der erste Akt auf diesem Weg. Ohne Zweifel war in unserer Natur diese Möglichkeit vorhanden: die Welt zu katalogisieren, sie anhand einer Analyse zu verstehen und zu guter Letzt der Vernunft zu unterwerfen. Wir folgen einem möglichen Weg, gestoßen durch die Winde des Lebens: mehr Bewusstsein, mehr Komplexität. Nach vorne, nach oben, die Evolution hat es uns aufgetragen. Gestern noch sind wir vom Baum herunter geklettert, um uns auf zwei Beine zu stellen; heute konstruieren wir eine Gesellschaft der Information. Es ist nur sehr wenig Zeit vergangen, wenn wir alles von einem biologischen Blickwinkel aus betrachten. Die Evolutionswechsel in der Biologie brauchen mehr Zeit, um sich zu vervollständigen. In dem Moment, in dem der Homo Sapiens Sapiens erscheint, gibt es keine hervorstehenden Unterschiede zwischen unserer Struktur und der Struktur unserer Vorfahren. Es scheint ganz einfach, dass alle Änderungen von unserem Gehirn aus gehen. Die großen Änderungen haben mehr auf einer kulturellen als auf einer biologischen Ebene stattgefunden.

Jede Kultur baut auf dem Tabu auf. Wenn einmal das Böse definiert worden ist, ist es einfach, das Gute zu bestimmen. Die Welt teilt sich in Schatten und Licht auf. Zwar ein großartiges Werkzeug, um zu überleben und zu wachsen, aber die Erscheinung dessen schafft auch Widersprüche zwischen unserer biologischen Natur und unserer Funktion als Individuum. Im Grunde bleiben wir Säugetiere mit einer Software, die in unseren zentralen Computer installiert ist, aber die die Funktionen einer anderen Sache ausführt. Und hier liegt die fundamentale Basis der Unsicherheit, des Schmerzes und der Erstauntheit des Menschen. Unsere neue Kondition als „Zivilisation" hat uns tolle synaptische Verbindungen gegeben und einen Haufen neuer Möglichkeiten. Die Daumen, die uns geholfen haben, das zu werden, was wir sind, werden heutzutage dazu benötigt, die Playstation richtig zu benutzen. Zwischendurch suchen wir eine Definition, die uns aus der tierischen Welt befreit, denn wir wollen kein Tier sein.

Ein japanischer Wissenschaftler hat vor einigen Wochen einen anderen menschlichen Mythos zur Strecke gebracht, den des "geschickten" Homo Sapiens, mit Hilfe eines Computertests an einer Universität mit jungen Japanern, die gegen eine Gruppe von Schimpansen verloren haben.

Es kam dabei heraus, dass die Schimpansen größere Schnelligkeit bewiesen haben, eine alphanumerische Serie auf dem Bildschirm zu erkennen. Oh Weh, wir sind nicht die Geschicktesten! Wenn wir heutzutage allein in der Wildnis überleben müssten, hätten wir weniger Chancen als Maradona beim Basketballspiel. Haben wir unser genetisches Material falsch angewendet? Ich bin begeistert vom Menschen und möchte hierbei Groucho Marx zitieren: „Ich möchte nicht einem Club angehören, in dem Personen wie ich akzeptiert werden." Wir haben uns vermehrt und sind die wahre Plage dieses Planeten, aber ich komme nicht drum herum, mich immer wieder über einige Erfindungen meiner chinesischen Brüder zu wundern. Einige wenige haben tatsächlich großartige Dinge getan, wenn ich die Geschichte des Menschen betrachte.

Es gibt wenige Lichter in diesem Panorama der Dunkelheit. Wir leben eingebettet in der Angst und erfinden uns dementsprechend Götter. In diesem Fall ist das Problem nicht Gott, sondern, wie dies bereits U. P. Krishnamurti sagte, es ist die Angst.

Den Bug nach vorne schieben, was wäre unser Schicksal, wenn wir uns den Winden des Lebens stellen? Wie schafft man, das Unbekannte nicht zu fürchten? Wir fürchten die Klimawechsel, die aufkommenden Winde. Wir fürchten mit Recht, denn die Kraft des Charakters und des Wissens ist nicht in der Reichweite von allen, und auch die Schlauesten und die Fähigsten sind schon einmal auf die Nase gefallen. Was ist der Stierkampf? wurde Meister Rafael gefragt und er sagte: "Ich weiß es nicht. Ich dachte, dass Joselito das Wissen wurde... und er tötete einen Stier in Sevilla".

Es ist nicht unnatürlich Angst zu haben, nur die Verrücktheit und das Bewusstsein erlauben einem frei von Angst zu sein. Die Tapferkeit ist die einzige Antwort, sie ist nicht das Gegenteil von Angst, sondern sie ist wie eine eigene Kraft, wie ein Motor in sich selbst, der uns auf unbewusste Weise zum Ziel bringt. Die Angst kann man nicht zerstören oder bekämpfen, so wie man nicht das Schlagen des Herzens bekämpfen kann; es ist ein Gericht, das auf der Speisekarte des Lebens steht.

Das Einzige, was wir tun können, ist diese Angst zu bändigen, unsere Reaktion, unseren Instinkt zu verändern, aber wir können sie nicht annullieren. Je näher wir unserem eigenen natürlichen Lebensraum entsprechen, umso besser können wir uns den Winden des Lebens stellen. Vor einem Hurrikan entfliehen ist weise und nicht feige. Sich jedem Sturm zu stellen ist sehr gut in einem Film, in der Realität zerschellen die Schiffe, die das tun.

Die Zeiten, die anbrechen sind schwierig, stürmisch, es gibt keinen Hafen, wo man sich inmitten des Ozeans des Lebens zurückziehen kann. Uns bleibt übrig zu trainieren, sich zu konzentrieren, stärker zu werden, stärker in Körper und im Charakter, denn die Zeiten, die auf uns zukommen, werden unsere Fähigkeiten auf die Probe stellen.

Die Winde des Lebens werden mit Sicherheit in einem Moment den Rumpf unseres Schiffes in Gefahr bringen. Ich wünsche euch eine gute Fahrt, ich sage nicht ein gutes Wetter, denn das Wetter ändert sich mit Garantie in einem Augenblick, aber ich wünsche euch die Weisheit und die Kraft euch jedem Sturm zu stellen, und zu wissen, wann ihr die Segel einrollen und wann ihr sie aufschlagen müsst. Und wenn es möglich ist, genießt alles in eurem Leben und das Wunder des Lebens.

Kalligraphie: Seimi no Kaze "Lebenswind"

Das Leben

*Wenn ich erneut geboren werden würde, dann würde ich
versuchen mehr Fehler zu machen.
Ich würde nicht versuchen so perfekt zu sein,
sondern entspannter.
Ich wäre ein bisschen schmuddeliger, würde größere Risiken
eingehen, mehr reisen und mehr Sonnenuntergänge betrachten,
mehr Berge besteigen, durch mehr Flüsse schwimmen...
Ich würde zu den Orten gehen, zu denen ich noch nie gereist
bin, mehr Eis essen, mehr echte und weniger imaginäre
Probleme haben.*

*(Der Anfang des Gedichts "Augenblicke"
von Jorge Luís Borges)*

Das Leben ist seltsam und wertvoll zugleich. Vor kurzer Zeit hat Guillermo Gonzalez seine Theorie über "den bewohnbaren galaktischen Raum" veröffentlicht und damit a priori gezeigt, was für Probleme es gibt, damit es überhaupt die Möglichkeit zum Leben im Universum geben kann; zumindest für das komplexe Leben, so wie wir es kennen, einschließlich der höheren Tiere. Bis hierhin reicht das politisch korrekte und „gute Denken"! Es handelt sich hierbei um eine alte Kontroverse in der wissenschaftlichen Gemeinschaft und obwohl Sagan, ein unermüdlicher Optimist, Recht hatte indem er sagte: "Die Abwesenheit von Beweisen (für die Existenz von Leben...) ist nicht der Beweis seiner Abwesenheit". Es wird jeden Tag eindeutiger, dass das Leben ein seltenes Gut im von uns überschaubaren Universum ist. Für uns sind die Lebewesen (einige mehr als die anderen) ein alltägliches Wunder, aber bis vor kurzem schien uns das auch nur wenig zu interessieren. Unsere Taten, unsere Energie konzentrierten sich völlig darauf, dass wir einen weiteren Tag überleben konnten, ohne dass uns ein größeres Tier oder ein ganz kleiner Virus umgebracht hat. Das Leben hat einen sicheren und einen starken Impuls zu bestehen. In den bewussten Lebewesen gehört zu diesem Impuls der Wille zu bleiben, was zu guter Letzt zum Egoismus wird. Ohne das ist das Bewusstsein des Seins in seinen verschiedenen Graden ein besonderes Extra zu diesem Grundgesetz: Hierbei geht es darum zu funktionieren und bewusst und absichtlich unsere Umgebung zu verändern. So seltsam wir auch in diesem galaktischen Panorama erscheinen, so war es doch die Weiterentwicklung des Lebens selbst, die uns mit diesem Werkzeug ausgestattet hat. Der Mensch befindet sich nicht außerhalb der natürlichen Ordnung, er ist das Ergebnis der Ordnung und ihrer Handlungen. Es gibt Ordnung oder es gibt sie nicht, in diesem Fall müssen sich die Wissenschaftler ganz aufrichtig einer Sache widmen, die nützlich wäre. Im Grunde ist das, was wir machen, wenn wir es mit einigem Abstand betrachten, gar nicht so verschieden zu dem, was der Rest der Lebewesen tut. Das Einzige, was uns von ihnen unterscheidet, ist, dass wir es mit sehr viel mehr Erfolg als der Rest machen: Wir gewinnen die Schlacht, das Eiweiß anderer Lebewesen in menschliches Eiweiß zu verwandeln.

Als Schlussfolgerung daraus verringern sich die anderen Spezies sowohl in ihrer Anzahl als auch in der Vielfältigkeit während unsere Speckrollen wachsen. Wo liegt die Grenze für die Anzahl der Menschen auf diesem Planeten? Die Legende von dem kontrollierten Wachstum ist ein völliger Unsinn. So etwas existiert nicht. Mein Vater hat mir immer gesagt, dass Geschäfte stets nach oben oder nach unten gehen. Es gibt keine flachen Ebenen innerhalb der natürlichen Ordnung. Es ist paradox, aber je mehr wir das Menschliche unterstützen, umso mehr unterstützten wir seine Zerstörung, denn auch der Erfolg weiß auf seine Weise zu töten. Unser unglaublicher Erfolg innerhalb der komplexeren Lebewesen ist mit Sicherheit nichts verglichen mit dem Erfolg unserer mikroskopischen Kollegen. 95% des Lebens auf der Erde wird von diesen Wesen gebildet, die einen sind symbiotisch die anderen parasitisch. Unsere Verdauung ist nur möglich dank ihrer Existenz. Wir verdanken ihnen das Leben und auf gewisse Weise auch den Tod. Das höhere Leben auf diesem Planeten befindet sich in der Krise. Vor kurzem war ich im Nordosten Brasiliens und habe dort am Strand Stäbe gesehen, die ein Gebiet einzäunten, in dem Schildkröten ihre Eier abgelegt hatten: „Man muss sie beschützen". Eine weitere Art, die vom Aussterben bedroht ist, sind Wale. Was kann man über diese Tiere sagen, über die ganzen Gelder, die in den Schutz für sie gesteckt werden? Man kann nicht Gott und dem Teufel gleichzeitig dienen, oder besser gesagt, man dient wohl immer beiden, egal was man tut. Derjenige, der eingreift und immer nur das Beste will, erreicht oft genau das

Gegenteil von dem, was er beabsichtigt. In der Natur verschwindet eben das, was sich nicht anpassen kann. In gewisse Vorgänge einzugreifen, kann oft zu dem genauen Gegenteil führen. Wir verbringen unser Leben damit, das Unvermeidliche einfach nur ein bisschen länger aufzuhalten. Die Spesen für den Schutz der Schildkröten übernimmt die Petrobas, ein brasilianischer Ölkonzern. Die großen Ölkonzerne machen umweltfreundliche Projekte? Es gibt keinen besseren Gläubigen als denjenigen, der glauben möchte. Im Grunde ziehen wir Menschen immer die Schuld der Wahrheit vor; die Wahrheit ist immer sehr viel prosaischer, aber sehr viel härter zu schlucken. Die Befehle des Lebens sind erbarmungslos und haben keine Barmherzigkeit. Unser Leben auf der Erde ist verglichen mit dem der Dinosaurier ein Augenzwinkern. Die Dinosaurier wurden von der Evolution mit einer Handbewegung ausgelöscht, zusammen mit fast der ganzen Flora und Fauna dieser Zeit. Wieder einmal geschah das Unvermeidliche, was sich nicht anpasst, stirbt eben aus. Aber wie kann man das Leben nicht lieben? Dieses wunderbare und wertvolle Geschenk, das so einzigartig im Universum ist? Als die Terrorgruppe ETA den Stadtrat von Ermua, Miguel Angel Blanco, entführte und das Datum und die Uhrzeit seines Todes festsetzte, begab sich ganz Spanien auf die Strasse, um für dieses Leben zu kämpfen. Die soziale Revolte war so stark, dass die Terrorgruppe von da an stark geschwächt war. Das Leben verteidigt sich in Kontinuität und wird oft auch mit Heldenmut beschützt. In Notlagen habe ich schon Beeindruckendes gesehen: Personen, die über ihre normalen Fähigkeiten hinaus gehandelt haben, überrascht von sich selbst und fähig, bei einer schlimmen Notlage gekonnt zu handeln, um sich selbst und andere zu retten. Das Leben hat eine enorme Kraft, aber es ist der Tod, der am meisten Macht hat, und der den Sinn des Lebens angibt. Die Endlichkeit ist das letztendliche Mittel, um das sich die Sterblichen am meisten oder am wenigsten kümmern. Wir haben den Drang die Gegenwart wertzuschätzen und die Langweile oder die Verlockung, uns unsterblich zu fühlen, zu vermeiden. Paradoxerweise ist der Tod voller Leben, denn alles, was lebt, muss auch einmal sterben. Auf diese Weise erhält sich das Leben über sich selbst, während der Tod dem Leben den richtigen Wert gibt. Leben und Tod sind der Stoff, aus dem die Kampfkünste gewebt werden. Es ist die Aufgabe des Kriegers sich darum zu kümmern. Es ist die Anwesenheit des Todes, real oder symbolisch, die diesem Beruf eine ungewöhnliche Macht gibt, das, was den Kriegskünsten selbst heute noch einen gewissen Hauch von Geheimnis verleiht. Genau dies macht diese Aktivitäten jedoch auch gefährlich, auch wenn man versucht sie sozial zu normalisieren. Jedoch in der modernen Gesellschaft finden wir uns oft in einer feindlichen Umgebung wieder, die alles was im Kontakt mit dem Natürlichen steht, suspekt betrachtet. Alles in Gut und Schlecht einzuteilen ist nicht die Lösung für die Existenz, genauso wie es oft passiert, dass man das eine versucht und genau das Gegenteil bewirkt. Auch das Nichtstun ist eine Art etwas zu tun, sich unter einen Baum zu setzen und zu hoffen, dass sich der Wunsch verflüchtigt, ist auch ein Wunsch. Wenn wie handeln hinterlässt jeder Schritt eine Spur, und etwas ändert sich. Wir sind der Magie, die in jeder Veränderung stattfindet, nicht fremd, im Gegenteil, wir sind Teil dieser Veränderung. Das Natürliche ist am Schluss die einzige Frage, die es zu beantworten gilt, aber die Antwort auf die Frage bringt wiederum eine andere Frage auf. Für den Krieger steckt die Antwort in einem fehlerfreien Leben, das bedeutet, in Harmonie mit seiner eigenen Natur mit der ganzen Intensität in jeder Handlung zu agieren. Es gibt keine Moral dabei, aber mit Sicherheit ein Ethos, einen Lebensstil. Der einzigartige Charakter eines jeden erlaubt es nicht gemeinsame Wege zu gehen, denn jeder hat andere Ziele, so einzigartig und unterschiedlich sind wir. Magie bedeutet Fehlerlosigkeit auf dem natürlichen Weg. Das kann man nicht a priori definieren, aber wenn man es mit Aufmerksamkeit beobachtet, geschieht dieses Ethos immer im Zusammenhang mit Wirksamkeit und intensiviert die Konzentration und Flüssigkeit. Kann so eine Formel trainiert werden? Ich glaube nicht an den Positivismus als Lösung. Für mich ist der Weg am Ende mehr das Verlernen von etwas Gelerntem, aber das gilt erst nachdem man einen Weg gegangen ist. Der Weg ist analog mit der Natürlichkeit eines Kindes, aber nur nach der Erfahrung einmal eines gewesen zu sein. Vor dem Zen war der Berg ein Berg. Während dem Zen ist der Berg kein Berg; nach dem Zen ist der Berg wieder ein Berg.

Die Erfahrung des Bruches mit dem Erlernten ist so schmerzhaft wie die Geburt selbst. Niemand sucht wirklich den Schmerz, deswegen jedoch hören die Wege nicht auf einen selbst zu betrügen. Wie bereits der Refrain besagt: „Das, was weniger bekannt ist, ist mehr Wert als das Gute, was man noch kennen lernen muss".

Nur wenn die Vorfälle uns dazu zwingen, unsere Einstellungen zu verändern, eröffnet sich ein kleiner Bruch und die Möglichkeit zum Wechsel. Das sind die Möglichkeiten, die nur mit dem kleinen Mund erhofft werden können, es sind die Katastrophen für diejenigen, die es kennen, Sprünge in die Leere. Deswegen sage ich immer, dass niemand freiwillig den Weg des Bewusstseins geht. Erfolge auf diesem Weg sind nicht vorprogrammiert, sie geschehen zufällig. Deswegen sind wir Menschen so einfach und vorhersehbar und es gibt keine Ausnahmen. Ist das ein dunkles Panorama? Ich glaube nicht. Die Wahrheit ist niemals dunkel, aber das Erkennen der Wahrheit kann uns beschatten. Anstatt der Blume die Blätter abzunehmen ist es besser… sie zu essen!

Der kriegerische Geist in Europa

Gott, welch guter Vasall, wenn er einen guten Lehnsherrn hätte!
Mein Cid, der Lanzendiener, hat die Hand ans Schwert gelegt,
und soviele Mohren getötet,
dass man sie nicht mehr zählen konnte...

(aus den Gesängen von "Mein Cid")

Ich weiß nicht, ob du, geehrter Leser, die Möglichkeit hast, die Fernsehserie "Roma" zu sehen. In Europa ist bereits die zweite Staffel ausgestrahlt worden. Ich hatte die Möglichkeit einen der Choreografen dieser Serie persönlich kennen zu lernen, während wir an dem Dreh für unser letztes Video von Graziano Galvani gearbeitet haben. Graziano gehört zu den hervorragenden Kennern der europäischen Kampfkünste und ist Mitglied der Gruppe "Nova Scrimia", die aus hervorragenden Kampfkünstlern aus ganz Europa besteht. Die Filmserie ist eine Makroproduktion, die einem nicht nur die römische Geschichte, sondern auch die historischen Ereignisse während der Regierung unter Caesar und seinen Nachfolgern näher bringt. Die zwei Hauptprotagonisten sind ein Soldat und ein Zenturio der 13. Legion, Personen aus dem Volk also. Das Drehbuch ist ausgezeichnet und die Schauspieler überzeugend, besonders aber bin ich von der unglaublichen Detailtreue des Bühnenbilds beeindruckt. Die Beleuchtung, die Aufnahmen und die beeindruckenden Kostüme, die zum großen Teil genauso hergestellt wurden wie zur damaligen Zeit. Dieser ganze Realismus, dieser Respekt gegenüber der Geschichte bringt die Serie auf das höchste Niveau. Die Kämpfe selbst sind ausgezeichnet nachgestellt und man kann die Logik der Kampfaufstellungen wunderbar nachvollziehen. Die Soldaten hielten aneinander fest und bildeten ein Rechteck, so dass sich ein Soldat, der verletzt oder erschöpft war, in die Mitte zurückziehen konnte und von einem anderen Soldaten ersetzt wurde. So habe ich jetzt endlich auch verstanden, warum die Rüstungen Griffe hatten. Die europäischen Kampfkünste waren bereits zur damaligen Zeit sehr weit entwickelt. Es tut gut, sich daran zu erinnern, woher wir kommen! Ich denke, es ist auch wichtig, damit man weiß, wohin man geht. In diesem bürokratischen, zögerlichen Europa, das zur Geisel seiner eigenen Ängste geworden ist, dem Fehlen einer Identität, ist die Anstrengung, sich seiner Wurzeln zu entsinnen, nicht gerade gering. Andauernd ging es darum zu integrieren und die Hände zu öffnen. Es gibt nichts zum Anfassen, kein konkretes Konzept, nichts, was es tatsächlich identifiziert und das, obwohl wir trotz aller Unterschiede einen gemeinen Nenner wollten, einige Prinzipen, die unsere wirklichen Grundlagen unserer gemeinsamen europäischen Wiege hätten definieren können. Es ist jedoch so, dass sich seit Menschengedenken jede Nation durch seine Feinde definiert hat, aber nachdem wir nun keine Feinde mehr haben, weil wir alle gut sind, weiß Europa nicht mehr, wer es ist eigentlich ist. Das politisch korrekte Denken ist Herr über den Geschichtsunterricht geworden, der wie ein Comic aus Gut und Böse erscheint, je nachdem welche Interessen die Staatsoberhäupter haben. Die vergangene Geschichte wird mit der Moral und den Gebräuchen unserer heutigen Tage und unseres heutigen Denkens beurteilt. Wie dumm! Das Römische Reich war zweifelsohne die erste Erfahrung eines geeinten Europas. Heutzutage sprechen wir in Europa Sprachen, die zum großen Teil direkte Erben des Lateinischen sind oder stark davon beeinflusst wurden. Die römische Welt an sich hat im Westen überlebt und über die Jahrhunderte hinweg Einfluss auf uns genommen. Als Erbe Griechenlands legte das Römische Reich viel Gewicht auf den Handel und auf die Kultur. Damit dies geschehen konnte, waren ein starkes Militär und ein genaues Gesetzsystem in den eroberten Territorien von äußerster Wichtigkeit. Die harten Lebensbedingungen während des Römischen Reiches sind heutzutage undenkbar für die Europäer, die darin wahrscheinlich noch nicht einmal eine Woche überleben könnten. Die römischen Legionäre mussten darauf vorbereitet sein lange Märsche durchzustehen und danach zu kämpfen, sie ernährten sich praktisch nur von Olivenöl, Brot und Kraut. Sie lernten, immer die schweren Rüstungen und Schwerter mit sich zu tragen, und das oft unter widrigen Wetterumständen. Zweifelsohne beteten sie zu ihrem Kriegsgott Mars und schafften unglaubliche Triumphe in Mitteleuropa, von Spanien ausgehend bis nach Mazedonien und in den Norden Afrikas und auch in Germanien. Selbst heutzutage, wenn man vor dem antiken Forum

Romanum steht, kann man verstehen, warum diese Zivilisation zum Leitbild der anderen Kulturen geworden ist. Aber diese Lage ist politisch nicht korrekt, auch wenn es wahr sein sollte, denn eine ethnozentrische Sichtweise ist heutzutage nicht gern gesehen... die Dummheit und die Weichheit haben alles verseucht, "alles gilt, alle sind wir gleich, es lebe die Mischung", das ist die einzige Denkart, die heutzutage erlaubt ist. Die Römer waren keine Heiligen; sie waren hart, gierig und sehr ehrgeizig. Das, was sie erreichten, war nicht das Ergebnis von Blüte, sondern von Kampfkraft und Willen sowie ihrem Geschäftssinn und Pragmatismus. Das Römische Modell bildet die Grundlage für den modernen Staat, römisches Recht ist die Grundlage für das aktuelle Gesetzsystem. Rom wollte auf seine Weise integrieren: Sie legten den Eroberten ihr System auf. Alexander der Große war nicht so, und deswegen dauerte seine Herrschaft auch nur so lange wie seine Reise. Die Römer wussten es, Kulturen mittels Handel zu vermischen. Die Religion war niemals die Grundlage des Systems; alle Religionen wurden toleriert. Rom liebte das Neue, war am Exotischen interessiert, erhielt dabei jedoch immer seine Identität. Als dies mit der Zeit verschwand, starb das römische Reich so wie alle großen Imperien von innen nach außen. Den Todesstoß versetzten den Römern die Barbaren, aber nichts davon wäre möglich gewesen, wenn Rom nicht bereits von innen heraus marode gewesen wäre.

Das Reich, das durch den Absturz des Heiligen Römischen Reiches immer mehr verweichlichte und durch eine neue Makrostruktur vereinigt wurde, dem gemeinsamen Glauben, dem Christentum, fuhr mit der Idee eines großen Europas fort, verwickelt in unzählige Kämpfereien und Streitereien. Zweifelsohne wurden der Geist und das römische Modell nach dem Mittelalter zur Zeit der Renaissance wieder geboren, in der man das Licht und den Weg zur Moderne suchte. Wenn wir von den östlichen Kampfkünsten sprechen, liegt das daran, dass die Geschichte sich hier viel Zeit nahm. Tatsächlich war das Verschwinden der kriegerischen Klassen das Ergebnis des Aufeinandertreffens mit dem Westen, und es lag auch an dem Gebrauch von Schusswaffen. Die japanische Samurai-Kaste erreichte seine Klimax zur Friedenszeit während der Shogunato-Periode, und wie es sich bei jedem Ende verhält, trug die Blüte der Blume bereits die Frucht für eine neue Ära, in welche die weise Weltansicht der Samurai nicht mehr hineinpasste. All dies geschah zum Ende des 18. und zum Anfang des 19. Jahrhunderts. In Europa war die Zeit des Mittelalters mit der Aufteilung in Kasten seit langer Zeit vorbei. Die Künstler und die Berufe dieser Zeit waren integrierte Gremien in einem produktiven System, das sehr viel dynamischer war, als die verschachtelten sozialen Strukturen in Japan oder China. Die zeitliche Nähe der Samurai hat dazu geführt, dass dieses Bild heutzutage sehr viel klarer als das europäische Kriegerbild ist. Es gibt nur wenige Quellen, die von den kriegerischen und militärischen Erfolgen vergangener Zeiten in Europa berichten. Die Arbeit, die wir Monat für Monat über die italienischen Meister veröffentlichen, ihr Leben und ihre Werke, aus der Hand von Graciano Galvani, sind ein wertvoller Schatz, der uns erlaubt, mehr über die Krieger des alten Roms zu erfahren. Galvani zeigt immer, wie man den Nektar seine Ausführungen zu interpretieren hat. Die Vorgänger der italienischen Meister des 14. Jahrhunderts sind einige, und wir finden diesen kriegerischen Geist in den Werken "El Cantar del mio Cid" oder in "El Cantar de Roldán", bei denen die authentischen "Ronin" eines Europas im Übergang zwischen Rom und Renaissance beschrieben wird. Ein Europa, das auf der Suche nach seiner Identität ist und das diese Identität nur durch einen gemeinsamen Krieg finden konnte: in den Grenzen zum Süden und im Osten, gegen die Automaten. Europa verschmilzt mit dem Islam. Es war das Christentum, welches als Zement fungierte und auch der Grund war für die ganzen Kämpfe. Die westlichen Kampfkünste gingen immer mehr verloren durch die Verbreitung der Feuerwaffen. Jeder Bauer konnte auf Abstand einen durchtrainierten Kämpfer ganz allein dadurch umbringen, dass er den Abzug drückte. Nach dem Zweiten Weltkrieg und mit der Besetzung Japans traten die Kampfkünste wie ein Phönix aus der Asche hervor, und fingen ihren unermüdlichen Weg der Verführung zwischen den jungen nordamerikanischen Soldaten an. Japan, Korea und auch China zeigten Techniken, die abgesehen von ihrem technischen Inhalt die Seele der jungen Menschen durchdrang, die sich mit dem Wunder, der Kraft und der Macht des kriegerischen Wegs auseinander setzten. Die disziplinierten Künste sind zutiefst mit dem Menschen verbunden.

Auch wenn die westlichen Kampfkünste sehr viel mehr verborgen sind, machten diese den Westen zu dem, was er heute ist. Es ist unsere Pflicht, die antiken Kampfkünste des Westens nicht zu vergessen, sie zu ehren und den Geist der Kampfkünste in sich zu tragen. In unserer heutigen Zeit ist Europa voller Zweifel, seine Identität ist nicht sicher, deswegen ist es wichtig uns zu erinnern, wer wir sind, denn diejenigen, die ihre Geschichte vergessen, sind dazu verurteilt sie zu wiederholen.

Die Macht des Scheins

"Es ist besser, von einigen wenigen Weisen gelobt zu werden, als von vielen Falschen."
                                                    Miguel de Cervantes Saavedra

Wenn man an einem Punkt in seinem Leben steht, an dem man sich verloren glaubt, kann es passieren, dass man in die Hände eines Gurus fällt. Auf diese trifft man inzwischen überall; sie versprechen einem herrliche künstliche Paradiese, tropische Strände (ohne Mücken oder Schlangen) und alles ist immer sauber, hübsch und einfach. Oft besitzen diese Menschen eine gewisse Ausstrahlung, Originalität und genügend Hinterhältigkeit, um dein Blut und deine Energie auszusaugen. Ich empfehle allen, sich diese Personen einmal auf der Toilette vorzustellen, oder wie sie gerade dabei sind, sich einen Popel aus der Nase zu ziehen. Ich habe noch nie viel Sympathie für diese Verkäufer falscher Glückseligkeit empfunden. Mein Freund Lorenz, der mit solchen Dingen immer sehr vorsichtig ist, sagt, wenn er das Wort Glückseligkeit nur in den Mund nimmt, wäscht er sich diesen danach mit Seife aus.

Die Glückseligkeit ist eine trügerische Spiegelung unserer Seele, und die Spiegel unserer Seele sind am schlimmsten, weil sie uns so sehr beeinflussen. Es ist so einfach zu verlieren, wie es unmöglich ist zu gewinnen. Aus diesem Wasser entspringt Neptun und ist Symbol für allen Trug. Im imaginären Kollektiv Neptuns oder Poseidons wird die Energie des Truges so gut wie in keinem anderen Gott dargestellt. In seiner Wasserwelt verdrehen sich die Bilder und alles vergrößert sich wie unter einer Lupe.

Man hört keine richtigen Laute und alles ist unklar, während man schwerelos schwebt und sich seines eigenen Körpers kaum bewusst ist. Neptun wird in der Astrologie mit der Droge verbunden, der Flucht und der Mystik; alles ist eine einzige Abbildung, das Kino, das Theater, die Fantasie, die Mode, alle sind sie Bilder des Geistes. Die kreative Funktion von Neptun liegt darin, die tiefe Vereinigung zu verstehen, die unter der offensichtlichen Trennung der Menschen und den Dingen liegt.

Die dunkle Seite Neptuns ist, diese Vereinigung mittels des Trugs zu finden. Neptun legte seine Opfer ins Wasser, um sie aufzuweichen und später aufzulösen. Der Vorteil dieses Prozesses ist, dass die größten Egos sich auflösen, um sich angesichts einer größeren Dimensionen des Bewusstseins wiederzufinden. Das Negative ist, dass diese Auflösung nur ein feiner Betrug ist, und man somit zum Mittagessen einer opportunistischen Substanz werden kann, oder eben eines Guru. Aber die Lügen sind nicht die Schuld der anderen, sie werden von unserer eigenen Leichtgläubigkeit erschaffen.

Wir glauben, was wir glauben möchten, was unserem Ego gut tut, was uns eine Tür dort öffnet, wo wir gedacht haben, dass es keinen Ausgang gibt. Alles, was das Schwierige leicht macht, etwas das uns ohne Probleme zum Ziel bringt, damit wir sagen können: „Das ist der Weg!" Aber der Poet erreicht uns mit seiner Wahrheit und erinnert uns: "Wanderer, es gibt keinen Weg, den Weg macht man, indem man ihn geht".

Neptun hat bestimmt viel Macht und es gibt nur wenige Fäden, aus denen ein Mensch gestrickt ist. Das Mystische und die Begeisterung für die Zauberei, die ungeheuren Versprechungen, die man dem stets notwendigen Opfer gebracht hat, hinterlassen jeden Tag Spuren in der Seele der Menschen.

Die starken Menschen leiden weniger darunter, weil sie rechtzeitig merken, dass ihre Stärke missbraucht wurde. Die Schwachen jedoch träumen immer weiter von einer besseren Zukunft, die immer besser ist, je weniger erreichbar sie ist.

Das erste Zeichen der Christen war ein Fisch, und in der klassischen Astrologie ist die Piscis das Sternzeichen, das von Neptun regiert wird. Das Zeichen der totalen Auflösung ist in dem unbewussten kollektiven Gewissen der Menschen mittels der Kreuzigung Jesus vorhanden, dargestellt als Sohn Gottes, geopfert auf dem Altar der Sünden der Welt.

Das ist eine Tradition, die wir von der jüdischen Religion geerbt haben, mit dem Bild Abrahams, der Gott seinen Sohn opfert. Man muss nicht viele Worte darüber verlieren, dass das gleiche Bild heutzutage im Islam verbreitet ist. Es ist die menschliche Natur, die ihrer Notwendigkeit Form gegeben hat anhand der Mythologie und der Religion.

Das Bedürfnis, seine eigene Identität zu verlieren und wieder zurück in das vorgeburtliche Magma des Uterus zu kehren, in die einen alles umgebende Wärme aus dem das Leben des Planeten entstanden ist, ist nicht frei von dem Bedürfnis nach Trost, das man zu etwas Größerem hat. Natürlich kann man sich in einem solchen Vorgang verlieren, mit dem Besten oder dem Schlechtesten unserer selbst.

Zu verstehen, dass wir Teil einer Einheit sind, die größer als wir selbst ist, kann niemals den Verlust der eigenen Identität rechtfertigen, noch die Abgabe unserer Energien, der Zeit oder der Aufmerksamkeit gegenüber scheinbarer selbstloser Hilfe oder dem Wissen ohne Kraft. In der andauernd sich verändernden Welt, in der wir leben, ist alles relativ. Feste Maßstäbe setzen zu wollen ist immer eine Kühnheit, aber das rechtfertigt nicht die Annahme eigener Ideen, die gegen unsere eigene Identität handeln, oder die uns dazu verurteilen nach einem fragwürdigen Ideal zu handeln.

Die kriegerische Welt ist scheinbar immun gegen diese Kräfte, auch wenn man in seinem Heer immer eine Kugel bei der Jagd auf die naiven Seelen oder für die bedürftigen Individuen verliert. Es gibt immer jemanden, der einem das Blaue vom Himmel verspricht; es ist deswegen notwendig, dass man niemals aufhört aufmerksam zu sein, denn der Grund warum man betrogen wird, kommt nicht von außen sondern von einem selbst, von unserer Unzufriedenheit, unserer Schuld oder den Fantasien, die in uns stecken: der Betrüger ist der Betrogene, sagt Zen.

Die Götter haben weder Muskeln, noch Körper. Das Schicksal ist immer in unseren Händen. Die eigene Kraft unserer energetischen Struktur liegt in dem Wechsel der Winde, dargestellt durch das Wandern der Planeten, die die vorgeburtlichen Kräfte von allem sind. Das, was den einen vernichtet, macht den anderen stärker, wo ist der Unterschied? Die Veränderungen, die die Götter beim Drehen des Rads des Lebens unternehmen, können in der Seele des Kriegers wandern, aber sie haben immer einen Ausweg gefunden.

Die Kreise dessen, was einem bevorsteht, markieren unvorstellbare Geschehnisse; Uran, der Blitz bricht und einreißt, Neptun löst auf, und Pluto zerstört alles wiederkehrende. Der Weg des Kriegers ist nicht der Weg des stolzen Ignoranten, der die Kräfte des Universums ignoriert, sondern es ist der Weg des klugen Mannes, der alles mit Vorsicht studiert und weiß, dass man nichts ändern kann, aber er passt seinen energetisches Kompass diesen Situationen an, um diesen im Sinne des persönlichen Wachstums zu nutzen. Die disziplinierten Künste in ihrem höchsten Konzept sind am Ende ein Werkzeug für ihn.

Kalligraphie: Makoto "Wahrheit"

Die Ronins

"Man wird uns von der äußeren Freiheit nur so viel geben, wie wir es verstanden haben, in einem bestimmten Augenblick unsere innere Freiheit zu entwickeln."

Mahatma Ghandi

Die Figur des Samurai trifft frontal auf unser westliches Konzept von individueller Freiheit. Der Samurai dient seinem Herren und obwohl seine Freiheit existiert, ist sie mehr ein innerer, denn ein äußerer Gewinn, indem die Angst vor dem Tod auf die Abneigung gegen das Leben übergreift. Vielleicht hat mich deshalb die Idee der Ronin als Samurai auf Abwegen immer mehr angezogen, als die des normalen Samurai. Mein Freund, Meister Bugei Jordan, war der einzige, der bemerkte, dass das Schwert auf dem Umschlag meines zweiten Buches "Scheidewege. Krieger des 21. Jahrhunderts", auf die Art der Ronin gezogen war.

An den Grenzen der Welten kommt das Beste einer jeden Etappe zum Vorschein, einer jeden Erfahrung, eines jeden Wesens. Das Ende der Samurai-Ära und der Kastengesellschaft schuf ein Niemandsland auf dem sich das alte und das moderne Japan trafen. Das Beste und das Schlechteste jeder Welt brachte eine enorme Lebenskraft, eine entscheidende Dynamik, die einzigartige und großartige Früchte hervorbrachte. Der Ronin musste sich selbst in Frage stellen, indem er seine soziale Funktion von Inhalten reinigte. Er hing weiterhin an etwas, nicht an etwas Äußerem, wie seine Herren, sondern an etwas Innerem, einem inneren Code, der das Beste seiner Samurai-Ausbildung ausströmte. Den Akzent nach innen bringen, das ist der Trick, der den Wert jeder Sache komplett ändert, und jede wahre Freiheit fängt natürlich hier an.

Der Code des Ronin besagt: "Wenn man mich ruft, komme ich, wenn nicht... komme ich nicht". Wie sehr wünschte ich, dass jene Naseweise diesem Prinzip folgen könnten, die als Gutmenschen getarnt nicht nur meinen, sondern sich ins Leben der Anderen einbringen, mit unerbetenem Rat und noch schlimmer, mit dem Aufbürden von Dingen, die sie als ihre Wahrheit bezeichnen. Die Freiheit erreicht man nur mit skrupelosem Respekt vor der Freiheit der Anderen. Wir dürfen nie bitten oder erhalten, was wir ohne Umschweife geben können. Wer sind wir, dass wir eingreifen, ohne gerufen worden zu sein? Im Namen der heutigen Wahrheiten, die wahrscheinlich denen von morgen entgegengesetzt sein werden, darf man nicht versuchen irgendetwas aufzuzwingen, ohne in größte Hochmut zu verfallen.

Der Ronin aber tritt, wenn er gerufen wird, mit seinem ganzen Wesen in Aktion. Seine Erziehung befiehlt es ihm, und in dieser Fähigkeit der absoluten Hingabe liegt die gesamte Kraft seines Archetypen. In einer Welt der Interessen und Pragmatismen, wo wir uns alle in der Aktion messen, ist die Hingabe eine der seltensten Dinge.

Für den Ronin ist dies möglich durch seine Abscheu, aber nicht weniger durch seine Leidenschaft. Beide Zutaten sind die Basis dieser einzigartigen und wohlriechenden Brühe, die man von seiner Person destillieren kann - Leidenschaft und absolute Hingabe an seine zugewiesene Aufgabe, die es ihm erlaubt, das hier und jetzt mit der Intensität eines Totkranken zu leben. Totale Abneigung dem gegenüber, der sein Leben schon weggegeben hat und sich nicht um den Tod zu kümmern scheint. Dieser ist schließlich eine unzweifelbare und mit Sicherheit angenommene Bestimmung.

Der Lakota-Spruch "Heute ist ein guter Tag zum Sterben" drückt diese Einstellung wie kein anderer aus. An diesem Punkt muss ich einen weiteren Spruch zitieren, der von Leidenschaft und Hingabe des fabelhaften Volkes handelt, mit dem sich viele Lakotas in den Kampf stürzten: "Hanta Yo, wakanya hipe yo", "Macht den Weg frei, die Kraft, die Macht ist mit mir!"

Wie sehr Charakterstärke mit Lauheit verwechselt wird! Im Zeitalter des Verstandes sind die einzigen bewegenden Leidenschaften die elementaren, und selbst diese sind auf dem absteigenden Ast. Und wenn man sich bewegt, kommt man nicht aufs Foto, also besser nicht zu viel Lärm machen, sich im Gelände verstecken... Ich vermisse die Leidenschaft als Arbeitswerkzeug der Menschen. Sicher wird man mit der Zeit schwächer und vielleicht reflektiere ich es dann nicht mehr so wie gestern, wie der Dichter sagt, aber ich nehme zwischen so viel Feuer und Erderwärmung nur wenig Feuer des Guten wahr.

Mit wieviel Leidenschaft stürzten wir uns auf das wenige Wissen, das in jener Zeit, als ich mit der Kampfkunst begann, zugänglich war! Der Kompromiss und die Hingabe waren unser täglich Brot, die Leidenschaft mehr zu erfahren, fraß uns auf, und die Bereitschaft alles zu tun, um Wissen zu erreichen, waren bei jedem Training anwesend. Ein maßloser Versuch namens Bestimmung.

Nein, nicht jede vergangene Zeit war besser. Meine Großmutter erzählte mir, dass man sich viel mehr seinen Freunden widmete, als es noch kein Fernsehen gab, auf organisierten Ausflügen, Picknicks, Themenpartys, etc... Das Angebot ist eben groß und das Kriterium sehr klein. Die Kampfkünste sind keine "Muse", sie sind ein Lebensweg, eine Form, um den ewigen Fragen mit kriegerischer Seele zu begegnen, eine aktive Art, die Existenz auf bejahende, positive Weise zu konfrontieren, mit Charakterstärke, Leidenschaft und Macht. Alle Großmeister sind sich in diesem Punkt einig.

Die Reduzierung auf das Sportliche, die Definition als "müsige Aktivität", die schlechte Erziehung und die Charakterschwäche werden den Aufschwung untergraben, die unsere Künste immer hatten. Viele Schüler kommen zu den Kursen, als würden sie Steppdance machen: Der Kopf ist woanders, das Herz abwesend und der Körper begleitet nach Plan Robocop den Streich mit Unlust. Die Meister haben keine Schüler, sondern Kunden, und als solche erlauben sie sich im Austausch für das Produkt, für das sie zahlen, ein Geschäft. Im Grad aufzusteigen ist analog zum steigenden Konto, und wer entlässt jemanden, wenn die Dinge so stehen. Als Konsequenz fällt das Niveau, anstatt zu steigen, und je wichtiger das Geld in einer Organisation ist, desto schlechter.

Auf dieser Reise ohne Gepäck unterwegs zu sein, ist sehr schwierig; selbst die berufensten und enthusiastischsten Lehrer kann die Umwelt beeinflussen und der Wert des Geldes, das sie für ihren Unterricht bekommen, wird schließlich überschätzt. Bei unserer Tätigkeit, mehr als bei jeder anderen, ist fast jeder ein Amateur, vor allem im positiven Sinn des Begriffs. Schön, nicht wahr? Amateur, der Liebende! Der Geliebte! Wie viele Meister machen ihre Arbeit aus Liebe zur Kunst!

Die disziplinären Künste geben denen viel, die sie praktizieren, aber auch denen, die sie teilen und unterrichten. Es ist nicht mehr so, dass viele Menschen Geld mit ihr verdienen, es gibt viele, die es tatsächlich Geld kostet, sie zu unterrichten. Die Gesellschaft schätzt diese Dienstleistung nicht genügend und zwar deshalb nicht, weil sie in vielen Aspekten auf den Wert mancher Dinge verkehrtherum reagieren. So wie beispielsweise das Phänomen der thermischen Inversion, das typisch war für die letzten Sommer, wodurch sich manche Hochebenen, wo es normalerweise frischer ist, mehr überhitzen, als tiefer gelegene Gebiete. Wie kann es mehr Geld kosten einem Auto Nahrung zu geben, als einem Menschen? Aber es kostet mehr, und obwohl dieser Unsinn nicht ewig andauern kann, sehen wir perplex zu, wie das Außergewöhnliche sich in die Norm verwandelt.

In der robotisierten Welt, die uns umgibt, ist die Kruste der Dinge mehr Wert, als ihr Inhalt. Verpackung ist alles! Die Leute bewerten einen Preis für ein Fitnessstudio nach dem Service, den Maschinen, Anlagen, den Jacuzzis oder der Cafeteria. Aber das Herz eines Dojos bleibt etwas, das nicht verwelkt, das seinen Schülern und vor allem seinem Meister innewohnt. Wie misst man so etwas? Mit was muss man ein solches Werbeangebot verbinden? Für denjenigen, der es schon kennt, ist es leicht zu verstehen und wertzuschätzen, aber wie ist es für diejenigen, die die Schwelle dieser Erfahrung noch nicht überschritten haben? Wie erklärst Du einem tölpelhaften und schlecht erzogenen Jüngchen, der sich nie in einem Meister sehen konnte, dass es das ist, was die Zukunft seines Charakters ausbildet und nicht die Anlagen?

Einerseits müssen wir uns bemühen, unsere Arbeit der Gesellschaft schmackhaft zu machen. Man muss professioneller sein, indem man den Wert der Werbung begreift, des Bildes und der Organisation unseres täglichen Tagesablaufs. Aber all dies ist nichts wert, wenn wir auf dem Weg den richtigen Wert gemäß unserer Prioritäten verlieren und vergessen, dass es ohne Herz keinen Weg gibt und dass es eben das ist, was unser "Produkt" anderen leeren Angeboten voraus hat.

Ja, wenn die Kampfkünste etwas haben, dann Herz. Wenn sie etwas sind, dann ein Weg mit Herz. Wenn sie etwas wert sind, dann weil man sie mit Herz praktiziert, und das, obwohl das Herz, seit Walt Disney Bambis Mutter sterben ließ, für die meisten leider Sentimentalität und rosa Presse ist, bedeutet es für einen Kampfkünstler viel mehr: Es bedeutet Hingabe, Leidenschaft und Kraft - Kraft von grenzenlosem Einsatz, ohne Rückfragen, ohne Wenn und Aber.

Es ist dieser einzigartige Geist, der unsere Welt groß macht und an dem Du, geneigter Leser, hoffentlich auch Teil hast und Dir nie, unter keinen Umständen, erlaubst, Dich in die unendliche Schlange der "Grauen Männer" aus der Geschichte Momo einzureihen: hohl, leer und ohne Herz, die grauen Aufgaben in einer grauen Welt erledigend.

Kalligraphie: Ronin "Person ohne Herr"

Möge die Leidenschaft Euch jeden Tag in diesem inneren, kreativen Feuer verschlingen, das sich Leben nennt, frei und doch auf diese unfehlbare Weise engagiert, wie die Ronins: Frei von Fesseln, aber maßlos hingegeben in der Beschreitung des Weges des Herzens. ¡Hanta Yo!

Enthalpie

"Das Leben ist sehr gefährlich - nicht wegen der Menschen, die Dir Schaden zufügen wollen, sondern aufgrund derer, die sich hinsetzen und zusehen, wie es passiert."

Albert Einstein

Niemand wollte sie kommen sehen, aber hier ist sie. Die Krise ist da und niemand weiß, wie es dazu kam!

Alles, was aufsteigt, fällt auch wieder, und was man heute vergrößert, wird morgen schrumpfen und umgekehrt. Die Ordnung der Dinge, die Ordnung des Universums befiehlt es so. Alles ändert sich, nichts bleibt bestehen.

Die ausweitenden Zyklen charakterisieren sich durch Wachstum und Beschleunigung der Funktionen. Die Strukturen vergrößern sich, während die Funktionen aktiviert werden, was zu einem hohen Energiekonsum führt. In der Physik nennt man das Entropie.

Die entropischen Prozesse verschlingen eine enorme Menge an Energie: Die wachsende Bestie muss ernährt werden! Man muss ihr Sprit geben, sie verbraucht viel!

Die Bestie ist in diesem Fall China, und in einem kleineren Maß Indien, auch wenn es die größte Demokratie weltweit sein mag; die Grundlagen des klassischen Kapitalismus weiten sich aus, um diesen neuen Mitspielern Raum zu geben. Die Schöpfer des Systems, Europa und die USA, zittern vor dem Eintritt auf das Spielbrett: "Die Weißen" spielen... und verlieren. Die Erwärmung des Ostens bringt ein Erkalten des Westens mit sich. Das, was also hierher kommt, ist die Enthalpie... und niemand weiß, wie es geschehen konnte.

Der Weise weiß von der Veränderung und kennt die Formel, um mit ihr zu harmonieren. Wenn Maß und Besonnenheit zu jedem Zeitpunkt essentiell sind, so sind es die Momente der Flexibilität und der Richtungsänderung der Zyklen noch viel mehr. Wenn sich die Kurve beschleunigt oder die Geschwindigkeit zu hoch ist, wird das Auto unaufhaltsam umstürzen.

In diesen Zeiten das Gleichgewicht zu halten, benötigt eine fortschreitende Verlangsamung der Funktionen und eine Anpassung der Struktur, die sich logischer Weise nach einer kleineren Größe richtet; man muss den Schwerpunkt senken und sich am Boden festhalten.

Die Zyklen sind keine sich wiederholenden Zyklen, sondern Spiralen, die immer von einer der beiden Kräfte dominiert werden, die expandierende oder die kontrahierende.

Nein, die Zyklen haben keinen Sprung in der Platte, die unaufhörlich den gleichen Ton wiedergeben. Wenn man sie von der Seite betrachtet, ähneln sie zunächst Helizoiden, kleinen, schlangenförmigen und zusammengerollten Linien, die sich entweder zusammenziehen oder ausbreiten. So wie Heraklit bemerkte, dass wir niemals zweimal im selben Fluss baden, werden wir auf unserer Reise ins Unendliche niemals zweimal am selben Punkt stehen. Daher ist die Idee, die ich bei vielen Menschen wahrnehme, diesen kontrahierenden Zyklus unter den gleichen Bedingungen, wie den vorherigen, zu analysieren, total falsch. Es gibt offensichtlich Konstanten, die sich wiederholen, die universellen, aber neuen Variablen haben das Spielfeld der Krise betreten, die den Dingen in den kommenden Jahren eine tiefe Wendung geben werden.

Der globale Sinn dieser Veränderung wird selbstverständlich eine Wendung hin zur Enthalpie sein... oder eben nicht...

Das Zentrum der Fragen wird in den Institutionen und Werten liegen, die vielfach seit Jahrhunderten fest installiert sind, Werte, die heute mehr denn je in Frage gestellt werden. Es wird fanatische Manöver geben, die das System konfrontieren, Messianismus und Fanatismus, Massenmanipulation und Ideologien werden auftreten, die breiten Bevölkerungssektoren viel Leid bringen werden, besonders in den Ländern mit weniger Entwicklung.

In der ersten Welt wird man das wahrscheinlich auf andere Art erleben, aber eine Konstante wird täglich mit größerem Eifer präsent sein: Die systematische und fortschreitende Zerstörung der Mittelschichten, die Krankheit, genannt Wohlfahrtsstaat und Staat der jovialen Gehaltszulagen. Dieser Prozess beginnt nicht jetzt, er ist schon seit vielen Jahren im Gang, aber die aktuelle Krise mästet sich mit Gewalt in ihren schwächsten Aspekten und beschleunigt einen unerbittlichen Prozess.

Es werden besonnene und entschlossene Führungspersonen benötigt, aber vor allem muss sich jeder von uns in dem Bewusstsein, dass die Party vorbei ist, in Stellung bringen und das Beste aus sich herausholen, und nicht das Schlechteste, denn diese Entscheidung liegt immer in unserer Hand.

In dieser Situation können die Kampfkünste eine doppelte Rolle spielen: Als erstes können sie die Menschen, die sie ausüben, stärken (sie müssen gesund, klug und stark sein) und danach können sie unsere

Frustration und Gewaltenergien, die von diesem Prozess hervorgerufen werden, positiv kanalisieren.

Der wahre Kampfkünstler erhält seinen inneren Frieden aufrecht, während er draußen im Krieg ist. Ein Krieg gegen sich selbst, gegen seine Dummheit, seine Grenzen, seine Tölpelhaftigkeit; wenn man dies aus erster Hand erkennt, versteht man, dass nicht die anderen sondern man selbst für die eigene Misere verantwortlich ist. Im Training und in der Entwicklung versteht man zugleich, dass man die Situation ändern kann, und in diesem positiven Prozess profitiert auch die Welt von der Veränderung, die Vertrauen, Toleranz, Kraft, Respekt und Demut ausstrahlt. Es liegt stets eine lange Strecke vor uns, und es gibt noch so viel zu lernen …

Nach diesen Werten zu erziehen, anstatt nach denen, die den Kindern heute beigebracht werden, können nur die Meister der Kampfkünste, indem sie jenes zuerst mit einem Beispiel von außen und später von innen durch ihren eigenen Körper lehren, was Worte und Botschaften der herrschenden Ideologie einprägen, nur andersherum.

Es wird die Jugend sein, die, geboren und aufgewachsen in Zeiten der fetten Kühe und voller Möglichkeiten, mit dem Schlimmsten dieser Krise fertig werden muss. Wenn die Möglichkeit unaufhaltsam zur Schwierigkeit führt: Was können wir, sachlich betrachtet, von ihnen erwarten? Immerhin müssen die meisten durch das Verschwinden des Wohlfahrtsstaates bis zuletzt arbeiten, denn die Rente: existiert dann nicht mehr! Also, weiter trainieren und stark und gesund bleiben, denn neben unserem Wissen, das den Älteren gemein ist, wird man unsere Kraft brauchen. In der Zwischenzeit lasst es uns anpacken, praktiziert die enthalpische Kreativität, verfolgt jedes Symptom der Erwärmung dort, wo ihr es findet und reguliert die Temperatur; Feuer löscht man nur mit Wasser …

Für die, die nicht verstehen, wohin die Reise geht, wird es noch viel schlimmer, also umgebt Euch mit Leuten, die sich in diesem Prozess einbringen, schärft den Geist und handelt vor allem nicht gegen die natürliche Ordnung der Zyklen, gießt kein Öl ins Feuer.

Keine Klagen! In der ewigen Wiederkehr dreht sich alles von neuem, aber bis dahin wird nichts sein, wie es war. Lasst uns kreativ teilnehmen an der Veränderung, uns einbringen durch unsere Eigenschaft als Kampfkünstler, frische Luft, Bewahrung, Macht und Selbstkontrolle, diese Dinge bringt auf die Tatami und verbreitet sie großzügig außerhalb davon! Am Ende passt es in diesem Leben, wie das Sprichwort sagt, für die Schönheit!

Notwendigkeit, Wunsch, Absicht

"Denken sie nicht schlecht von mir, meine Dame. Mein Interesse an ihrer Person ist rein sexueller Natur."
Groucho Marx

Verschwommene Gesichter, Bewegungen und Eindrücke, Geräusche, die uns beunruhigen. Plötzlich haben wir einen starken Schmerz im Bauch, so als ob sich eine Faust zwischen unsere Eingeweide zwingt. Wir fangen an zu schreien, weinen, alles ist schrecklich. Bis vor unseren Augen ein Ziel sichtbar wird und sich uns immer mehr nähert, hoffnungsvoll auf unseren Mund zu. Plötzlich ist wieder alles ruhig, der Schmerz in der Magengegend verschwindet, während wir kompulsiv trinken …an der Brust unserer Mutter. Von Anbeginn unseres Daseins hat unser kleines Gehirn diese Verbindung geschaffen, eine Synapse, eine elektronische Verbindung. Schmerz, Busen, Wohlbefinden. Der Wille zum Überleben ist eine Begabung, mit der wir auf die Welt kommen, aber von da an, nachdem wir die ersten Schritte anhand unseres Instinktes geschafft haben, fangen unsere Neuronen an, unserem Verhalten immer schwierigere und komplexere Formen zu geben. Das operative System, das alle Möglichkeiten unserer Hardware benutzt; die körperliche Struktur, beginnt ihre eigene Software zu entwickeln, die die Welt in ihrer eigenen und persönlichen Weise lesen wird. Die Notwendigkeit ist Teil des Natürlichen, des Instinkts; der Wunsch jedoch ist die Ausgeburt des Natürlichen und des Erlernten. Wenn man strikt spricht, ist der Wunsch nur dann möglich, wenn die Notwendigkeit bereits gestillt worden ist. Den Wunsch können wir nur dann haben, wenn wir das Erwünschte auch kennen und bereits auf irgendeine Weise vorstellen können. Wir wünschen niemals das Unbekannte, wir wünschen uns den Wunsch, unser Gehirn ist eine große chemische Küche. Wenn wir essen, werden Hormone ausgeschüttet, die uns mit Wohlbefinden belohnen. Jedes Mal, wenn wir etwas tun, das unserer Natur entspricht, wie zum Beispiel bei einem Orgasmus, werden wir mit Glückshormonen belohnt.

Buddha war der Überzeugung, dass der Wunsch die Ursache für alles Unglück sei und man sich nur durch die Abwesenheit vom Wünschen von allem Unglück befreien könnte. Aber der Wunsch kann nicht annulliert werden, auch wenn wir unsere ganze persönliche Geschichte löschen, wenn wir uns von allen Erinnerungen und Synapsen befreien. Aber dann würde auch die biologische Hardware das Kommando übernehmen und sich neue Wege suchen und den Vorgang wieder beginnen. ..die vitale Funktion muss erfüllt werden. Das Leben ist untrennbar vereint in diesem Kreislauf, es ist das natürliche Kommando. Wir bewegen uns durch das Leben unbewusst darüber, dass wir uns einen Haufen an Prozessen angelernt haben, die uns zu dem machen, was wir sind, das, was uns bewegt, das, was uns dazu bringt, gewisse Dinge auszuwählen, uns mit gewissen Dingen zu identifizieren und genau das zu tun, was wir machen. Wir bewegen uns durch das Leben anhand dieser Anhäufung von Erfahrungen, die unsere Vergangenheit und unsere Zukunft bestimmen. Es ist schon eine Spezialität des modernen Menschen, die biologischen Vorgänge, das Kommando und seine Macht zu ignorieren.

Wir suchen die Antworten außerhalb, in der Kenntnis, in der Kultur. Wir lieben sie und heben ihre Wichtigkeit, die die gleiche ist, die wir uns geben möchten, aber die Kultur ist ganz einfach das, was keine Natürlichkeit ist. Die wirkliche Kenntnis kommt davon, wenn man den ganzen Körper kennt, aber sie stammt eher von unserem unteren Körperbereich als vom Kopf. Das erinnert mich immer an den Journalisten, der einen bekannten Karatemeister gefragt hat, wo sich das „Hara" im Körper befände. Er hat in seiner Naivität geschrieben: „Das Hara befindet sich 18 cm unterhalb des Bauchnabels"...in gewisser Weise kann man sagen, dass dieser Fehler über die Abstände nicht so schlimm war, denn es gibt nicht oft die Möglichkeit zu sagen, dass unsere Genitalien mehr wissen als unserer Kopf. Die Verzerrung, die die Kultur in unserem Leben anstellt, ist beeindruckend. Wir handeln sehr oft gegen unsere Biologie und gegen unsere Natur, dass wir soweit gehen und etwas machen, das wir auf keinen Fall in einem natürlichen Umfeld tun würden, und wir lassen Dinge mit uns machen, die kein Tier über sich ergehen lassen würde.

Diese ganze Kultur baut auf einem Tabu auf. Jemand hat „verboten" und „schlecht" geredet, und daraufhin, ohne es zu sagen, war das Gegenteil auf einmal gut und erlaubt. Die Relativität der Dinge existiert nicht bei den schlichteren Gemütern. Es gibt keine Grautöne: Es gibt nur weiß und schwarz sowie gut und schlecht. Diese zweigeteilte Werteorganisation ist extrem praktisch für das

Überleben, und deswegen hat sie sich uns allen auferlegt. Je gegensätzlicher eine Kultur gegenüber dem Natürlichen ist, umso stärker sind die Widersprüche, die sich bei den Individuen bilden. Der Krieg zwischen Biologie und Kultur erschafft sehr viel mehr Leichen und bringt der Menschheit eine lange Liste von Krankheiten und Schmerzen.

Die Ausübung der traditionellen Kampfkünste ist ein Treffen mit dem wirklichen Puls unserer elementaren Natur und somit die Möglichkeit, zumindest etwas Abstand zu unserer Kultur zu nehmen und diese zu beobachten. Aber das allein genügt nicht, wenn man nicht auch seine eigenen Wurzeln vertieft, reflektiert und sich selbst und das, was man gelernt hat, in Frage stellt. Es sind zweifelsohne die kleinen Unterschiede in den Anfängen in unserem Leben, die auf intensive Weise unser Leben markieren. Der Affekt und die Aufmerksamkeit, die man als Baby und als Kind erhält, bestimmen später die Komödie, das Drama oder die Tragödie unseres Lebens. Von da aus mit der Erlaubnis unserer Hardware, unserem Grundpotential, kann man sich im Leben je nach den Eindrücken und Möglichkeiten, die man erhält, entwickeln. Ein jeder von uns trägt ein enormes Erbe in sich, mit all den vergangen Generationen, die in uns leben, und die sich in einem Jahrhunderte langen Vorgang entwickelt und verfeinert haben und es ermöglichen, dass du, mein lieber Leser, liest und ich schreibe. Alle Magie des Lebens stammt von der Notwendigkeit ab und diese erschafft in ihrer Routine befriedigt zu sein. Die Geburt des Wunsches, der am Ende die Befriedigung von etwas ist, das einem Erfüllung schafft und den Schmerz vertreibt. Denn eigentlich existiert der Genuss nur, um den Schmerz zu vertreiben. Alle Magie des Lebens entsteht durch die Notwendigkeit und es ist genau diese, die in ihrer Routine befriedigt zu werden, die Geburt des Wunsches ermöglicht. Die Abwesenheit von Schmerz ist der Genuss. Die Natur gibt uns den Stock, und es sind wir selbst, die wir uns die Karotte an den Stock binden. Die Anhäufung von Wünschen, die in eine Richtung gehen, erschafft die Absicht. Die Absicht ist etwas außerordentlich Menschliches, denn sie ist sehr kompliziert und stammt von einer Anhäufung von Wünschen. Die Tiere folgen allein ihrem Instinkt, antworten auf Befehle, leben im Hier und Jetzt und haben deswegen keine eigenen Absichten. Die Vorsätze sind schwächer als die Wünsche und diese wiederum schwächer als die Notwendigkeit. Auch deswegen, weil die

Notwendigkeit automatisch ist, und weil diese ein biologisches Fundament hat. Das Natürliche erhält sich selbst, denn es ist alles, was es erhält. Niemand muss einen Fluss anstoßen, damit dieser fließt, es liegt in seiner Natur, dieses zu tun. Aber die menschliche Natur ist aus vielen Variablen gemacht und das, was den Reichtum unseres Daseins ausmacht, ist oft auch Schuld an den vielen Problemen. Eine der Vorteile des Einfachen, des Natürlichen ist es, unsere Welt zu messen, zu der Karte des Wirklichen zurückzukehren. In meinem Leben bin ich schon sehr oft Neandertaler, Animal oder Dinosaurier genannt worden. In dem Rahmen dieser Kommentare wirst du, geschätzter Leser, verstehen, dass ich dies fast als Kompliment ansehe. Ich fühle, dass die einfachsten Dinge in unserer Kultur besonders krank werden. Die Erziehung und die Höflichkeit erlauben es einem nicht über wirklich wichtige Dinge zu sprechen und betreffen uns somit auf direkte Weise; wie zum Beispiel, ob man beim morgendlichen Klogang Erfolg hatte oder nicht. Das Wort „Kacke" ist dem Wort „schlecht" für ein Baby gleichgestellt.

Wie soll man sich denn dann wundern, wenn später Komplexe und anderes auftreten! Ich hingegen habe das Natürliche immer als eigen und authentisch angesehen, und deswegen sage ich auch mit einem Lächeln meine vier fundamentalen Lebenskategorien, um sie mit euch zu teilen: Grundebene: mit sich selbst und dem Vaterland im reinen sein. Zweite Ebene: Bravorufe und Applaus. Dritte Ebene: Albricias! Albricias! Höchste Ebene: Gloria in excelsis deo.

Die Notwendigkeiten begleiten uns immer. Es heißt, dass die Wünsche sich auslöschen, die Absichten bleiben vielleicht auf der Strecke...aber der Witz! Was gibt es Besseres, als dem Leben mit genügend Humor entgegen zu blicken?!

Kalligraphie: Hitsuyo "Notwendigkeit"

Die Gewalt

"Niemals sollst Du Dich mit dem Falschen verbünden, selbst wenn heilige Texte dies zu stützen scheinen."
Mahatma Gandhi

Ist Gewalt an sich schlecht? Die Frage klingt irgendwie falsch oder überholt. Neunundneunzig von einhundert Personen würden sie mit ‚ja' beantworten. Jede zivilisierte, soziale Ordnung basiert auf diesem Glauben, denn in unseren Gesellschaften fällt die Machtausübung ausschließlich dem Staat zu. In unserer sozialen Ordnung haben die Menschen dieses natürliche Vorrecht aufgegeben, zum Wohle der Allgemeinheit und im Vertrauen auf seine Vertreter, durch die Waffen, die die Herrschaft der Gesetze gewähren, die Führung dieses heiklen und wichtigen Themas.

Dabei gibt es dennoch einen flammenden Widerspruch zwischen unserer essentiellen Natur und dieser Aufgabe. Millionen Jahre der Evolution gegen nur ein paar Jahrhunderte Geschichte! Unsere Biologie ist für Funktionen angelegt, die jedes Argument in unserem Gehirnvorhof erzeugt. Dieser ziemlich kleine neue Ort in unseren Köpfen kann sich nicht ändern. Mit den Worten von Dr. House, diesem großartigen politisch inkorrekten Despoten im Fernsehen: "Es gibt kein Gen der Güte. Drei Typen in ihren Höhlen: Ein Fleischfresser ist bereit zu töten. Der erste läuft davon und überlebt; der zweite kämpft und überlebt; der dritte verteidigt sich nicht und stirbt... auf die Art kann man sich kaum reproduzieren. Nur die Evolution hat das Gen der Güte ermöglicht".

Die natürliche Ordnung als höhere und den Menschen einschließende Ordnung besitzt eine überwältigende Kraft und Geschichte. Jede Handlung gegen sich selbst besitzt die gleiche Einheit und Möglichkeit, die der Angriff gegen einen Löwen hat, aber die menschliche Arroganz versucht weiterhin die Unterschiede zwischen unserer Spezies und den anderen zu betonen und glaubt fest, dass die Herrschaft der Logik an sich die Natur der Dinge verändern kann. Die Logik hat ihre Wichtigkeit in ihrem exakten Rahmen und ermöglichte dem Menschen unangefochten über seine Umwelt zu bestimmen. Dieser Erfolg beflügelte unsere Ansprüche, aber er änderte nicht unsere natürliche, biologische Unzulänglichkeit.

Ist Gewalt vermeidbar? Definitiv nicht. Gewalt taucht früher oder später immer wieder auf; sie kann sublimiert, unterdrückt, abgestuft oder kanalisiert werden, aber sie ist potentiell da und bereit, ihr Vorhaben auszuführen. Überall gibt es Grenzen, und solange wir Striche auf den Boden zeichnen, besteht die Gewalt fort.

Striche auf den Boden zeichnen ist keine Laune, nicht einmal etwas Wahlfreies, es ist das Ergebnis eines natürlichen Kommandos, dass allen höheren Geschöpfen zu Eigen ist: das Territorium. Ich möchte die Tatsache betonen, dass die Beachtung des Territoriums weder etwas Rationales, noch Wahlfreies ist. Unser Gehirn tendiert dazu, Dinge oder Menschen als Territorium anzusehen, selbst abstrakte Räume, und obwohl das wesentliche Territorium unser eigener Körper ist, wollen wir es natürlich auf Objekte, Geschöpfe und Dinge ausdehnen, auf die wir unsere Bedürfnisse und Wünsche richten.

Toleranz ist nichts anderes als die Dicke der Schicht, mit der wir die Striche auf den Boden zeichnen. Wir können einen Eingriff auf unser Territorium bis zu einem gewissen Punkt akzeptieren, aber es gibt immer eine Grenze, ab der unsere Reaktion gewalttätig sein wird. Die "Gewaltfreiheit" selbst, die Mahatma Gandhi praktiziert hat, ist nichts anderes, als eine ausgearbeitete Form von passiver oder indirekter Gewalt, und das Ziel dieser Aktivität war selbstverständlich von territorialer Natur, nämlich die Unabhängigkeit Indiens.

Die berühmte Geschichte des Pferdes der tausend Li zeigt wie keine andere Geschichte die Frage nach Grenze und Toleranz auf. Als die Nachbarn des Königs ihn um sein bestes Pferd und seine Prinzessin bitten, gewährt er es ihnen, während seine Ratgeber sich dagegen aussprechen. Diese hielten ihren König für kleinmütig, widersetzten sich ihm jedoch nicht, und als die dritte Forderung nach einigen brachliegenden Ländereien kommt, argumentieren sie wie der König zuvor, dass sich für eine so simple Bitte der Krieg nicht lohnt. In diesem Moment befiehlt der König, den gesamten Rat wegen Hochverrats zu köpfen, beruft sein Heer ein und stürzt sich in die Schlacht. Das Territorium ist die Grundlage des Staats, sagt Sun Tsu, und der Krieg ist der Rahmen, in dem sich Erfolg oder Niederlage entscheiden.

So sehr sich die Liebhaber von Hofschlangen und der Ideologie der "Guten" auch zwingen, unsere Spezies ist eben doch territorial und die eines Raubtiers. Das Schlimme an einigen dieser Vertreter ist, dass sie mit ihrem blödsinnigen Diskurs nicht nur die Ignoranten umschmeicheln, sie wollen regieren, indem sie die unzweifelhafte Realität der Natur der Dinge ignorieren, was notwendigerweise eine gewaltige Unruhe erzeugt. Vor allem dann, wenn wir gezwungen sind, unserer Fähigkeit, solchen Pavianen mit Gewalt zu antworten, entsagen. Aus diesen Militanten Wohltätigkeitsorganisationen zu machen, ist ein Beispiel für diese gefährliche und widernatürliche Dummheit.

Viele junge Leute werden von diesen Sirenengesängen verwirrt. Sie gehören zur sensiblen Bevölkerung, denn es liegt in ihrer Natur zu träumen und die Ordnung in Frage zu stellen, um die Evolution zu provozieren. Aber diese Irrtümer sind an sich so pervers, weil sie rückschrittlich sind. Es setzt genug Druck auf unsere Natur voraus, uns in dieser modernen Gesellschaft zurecht zu finden, vielen unserer natürlichen Vorrechte zu entsagen, um noch dazu mit den Mühlenrädern überein zu stimmen. Das Unverständnis gegen die Natur der Dinge bedeutet, blind auf dem Ozean zu steuern, aber mit gefälschten Karten zu segeln, führt immer ins größte Unheil. Viel Internet, Information und dieses Zeug, aber unsere Jugend ist von der Geschichte nicht vorbereitet worden, denn sie hat keinen Kompass. Dieses Meer unerschöpflicher Falschinformationen ist ein wahres Minenfeld, aus dem sich nur recht wenige retten werden.

Der Friedenskult ist eine dieser gefährlichen Lügen. Frieden ist nichts als das Statut eines hohlen Gottes, den Millionen verehren. Aber einen solchen Gott anzubeten, ist so nützlich, wie einen Baum auf Knien anzuflehen, Dich von Deinem Durchfall zu befreien. Frieden ist nichts ohne jede Einheit, die aus Mangel an Definition das Fehlen von Krieg bedeutet, ein Unparteiischer zwischen zwei Kämpfern. Im Gegenteil, Krieg ist eine beständige Entwicklung der typischen Spannungen im Leben, der sich dann zeigt und losbricht, wenn sich jedes andere Mittel zur Lösung als ungenügend erwiesen hat. Dieses Losbrechen ist naturgemäß gewalttätig, wenn es auch Abstufungen gibt in diesem Aufbrechen. Der Krieg, kalt oder heiß, ist der natürliche Zustand der Dinge, daher ist es unabdingbar, seine Regeln und Prinzipien zu verstehen, denn jedes lebende Wesen ist in permanentem Krieg, solange es existiert. Der Weg des Kriegers ist ein unverzichtbarer Schritt für die Evolution jedes bewussten Individuums, während der Weg des Pazifisten nichts ist, als eine spirituelle Travestie, die früher oder später entdeckt werden kann, nur, um zu beweisen, dass in seiner Verkleidung der grausamste und gefährlichste Irrtum lag. Gefährlich, weil er das Urteil verzerrt und Verständnis für die Dinge behindert, indem er uns eine rosa Brille aufsetzt, die jede reale Analyse der Szenerie verfälscht, um sie gegen etwas einzutauschen, das auf Wünschen und Absichten basiert. Gefährlich, weil er unsere Natur und die des möglichen Feindes ignoriert. "Wer weder sich selbst, noch den Feind kennt, hat hundert Schlachten verloren", sagt die Aktionsbibel "Kunst des Krieges" von Sun Tsu. Gefährlich, weil sie aus den Menschen Eunuchen macht und ihnen die essentielle Kraft und Stärke raubt, die für die Konfrontation mit Fassung und Entschlossenheit gegen die Schwierigkeiten des Lebens wichtig sind; weil sie sie zu einfachen, fetten Ochsen macht, die den Pflug ziehen sollen, um von ihrem jeweiligen Herrn das Futter zugeteilt zu bekommen, das er freundlicherweise in ihre Futterkrippen gibt. Gefährlich, weil sie jede Möglichkeit der Veränderung ausschließt, jede Verantwortung unserer Handlungen zunichte macht und mit ihr die reale Möglichkeit, frei zu sein. Es ist schädlich, weil es den natürlichen Beschluss zu jedem Konflikt vertagt, dadurch Untätigkeit nährt und im Fehler verblassen lässt. Verderblich, weil sie nicht nur keine Lösung bringt, sondern die Dinge und ihre Hülle verschlechtert und damit den Glauben und die Hoffnung im Leben selbst beendet, um sie durch Depression zu ersetzen.

Im Rahmen dieser Verwirrung rund um die Gewalt, wurden die Kampfkünste häufig als gewalttätig dämonisiert, aber ihre Praktizierenden haben im Allgemeinen mit ihren Taten bewiesen, dass sie ihr nicht unterworfen sind, sondern ein höheres Niveau an Selbstbeherrschung und Charakter haben, als die Laien der Materie. Der Weg des Kriegers führt über das Lernen, die Gewalt als etwas zu behandeln, was sie ist, eine natürliche Kraft, die uns dienen soll und keine, der wir unterworfen sein sollen, weder aktiv, noch passiv. Dafür muss man sie näher kennen und es reicht, wie bei vielen anderen Dingen im Leben, nicht aus, davon erzählt zu bekommen. Die Gewalt muss man aufsuchen, sich mit ihr vertraut machen, ihre Macht entdecken, ihre Mittel, ihren Nutzen, ihren Reichtum. Erst nach einer langen Verlobung mit ihr, können wir sie schließlich der Herrschaft unseres Ichs unterwerfen und so als freie Männer durchs Leben gehen.

Wer diese Kraft weiter ignorieren will, ist dazu verurteilt, die schlimmsten Konsequenzen im Leben zu erleiden und wird jede Art von Elend anziehen. Ihre Macht zu ignorieren, zu dämonisieren, zu verleugnen oder zu unterdrücken, ist die beste Art, sich mit gutem Recht in einen Elenden zu verwandeln, und ich möchte hinzufügen, er verdient es nicht anders. Wer Fische will...der soll sich auch den Arsch nass machen!

Kalligraphie: Hageshisa "Gewalt"

Die wahren Meister

"Der klarste Beweis der Weisheit ist eine stete Fröhlichkeit."
Michel de MONTAIGNE.

Für die Schüler, die mit dem Kampfkunsttraining beginnen, ist es nicht immer leicht, die Spreu vom Weizen zu trennen. Staub und Stroh gibt es zu Hauf und es zu trennen, ist nicht nur anstrengend, sondern eine beinahe unmögliche Aufgabe, wenn man nicht ein paar Grundkoordinaten hat, um jemanden oder gar eine Angelegenheit zu beurteilen, die man häufig gar nicht kennt. Das Thema ist nicht unbedeutend in einer Welt voller Fälscher, Pfuscher, Trottel, und Lügner, die bereit sind, die Einfalt und Unwissenheit der Leute auszunutzen.

Es sind nicht wenige, die den Betrug der anderen auf den eigenen Selbstbetrug gründen, doch haben sie nicht weniger Schuld. Und sie sind überzeugt davon, die Reinkarnation der Krone der Schöpfung zu sein.

Woher weiß man also, ob jemand ein wahrer Meister ist oder nicht?

Einige Indizien, um den wahren Level und die Meisterhaftigkeit eines Menschen zu bewerten, sind für jeden leicht zu entdecken, andere nicht so sehr. Erstere zeichnen sich dadurch aus, dass sie negativ handeln, das heißt, die Art von Dingen, die ein wahrer Meister nie machen oder sagen würde und die ich in diesem Text aufzählen werde. Man muss keinerlei Spezialwissen haben, um jeden von der Liste zu streichen, der so handelt. Die zweiten hingegen erfordern wichtige Erfahrungswerte im technischen, philosophischen und kämpferischen Bereich und sind für einen Schüler wahrscheinlich wenig nützlich, wenn er einen wahren Meister erkennen und auswählen will.

Es gibt jedoch eine Reihe von Werten und Eigenschaften, die allen gemein sind, die dieser Bezeichnung würdig sind und die ich bei den Experten, die ich in all diesen Jahren als Herausgeber dieser Zeitschrift kennen gelernt habe, ausführlich bestätigen konnte. Ich wünsche mir, dass meine Erfahrung denen hilft, die ehrlich wissen möchten, mit wem sie sich einlassen bei einem Thema, das zweifelsohne viel Zeit und Energie im Leben einnimmt und von dem man viel bekommt, wenn man die richtige Persönlichkeit aufsucht.

Natürlich ist Bescheidenheit eine dieser Eigenschaften, die jeder große Meister besitzt. Aber Vorsicht! Das heißt nicht, dass sie kein Ego haben. Um Meister irgendeiner Sache zu werden, muss man ein Ego haben, und zwar ein Enormes!! Beharrlichkeit und Engagement, die Perfektionisten verstecken mit ihrem großen Motor nicht nur ihre Schwächen, sondern auch das Gegenteil, ihre Erfolge und ihr Streben, das sie zum Aufstieg antreibt, um am Ende dort anzukommen, wo die anderen ihn nicht erreichen. Aber im Laufe ihrer Entwicklung und ihrer Praxis haben sie sich so aufpoliert, dass das Ego nicht mehr präsent ist, niemanden stört, weder sie selbst, noch die anderen.

Bescheidenheit, die Bedingung, ohne die jeder Meister zwei Dinge beweist: Erstens, dass er genug weiß, um zu wissen, dass er sehr wenig weiß, und so viel er auch wissen wird, es ist nichts im Vergleich zum Volumen seines Nichtwissens. Zweitens, dass er nichts nach außen beweisen muss, niemanden von irgendwas überzeugen muss, weil er die innere Heiterkeit und Stärke besitzt, die die anfängliche Unsicherheit beendet, die den normalen Menschen verschlingt.

Das heißt auch, dass jemand, der sich selbst mit Lob begießt, kein echter Meister ist. Welche Fähigkeiten er in seinem Training auch immer erlernt hat, sie werden nie den Vorzug ersetzen, der hinter der Bescheidenheit liegt. Wenn einer sich selbst lobt, degradiert und disqualifiziert er sich selbst vor aller Augen, selbst vor den Dümmsten, die leider nicht wenige sind. Selbst der große Julius Caesar höchst selbst, der ohne jeden Zweifel Träger eines phänomenalen Egos war, das von außergewöhnlichen Erfolgen gestützt wurde, hatte das Schamgefühl, von sich selbst in dritter Person zu reden... na ja, vielleicht habe ich mich hinreißen lassen, aber wenn er es nicht aus Schamgefühl tat, dann zumindest aus Intelligenz.

Andererseits reden die großen Meister von niemandem schlecht. Nein. Sie sind weder heilig, noch autistisch, wenn man sie um ihre Meinung über etwas oder jemanden bittet, werden sie diese sagen und dabei ohne Zweifel ehrlich sein. Aber sie äußern ihre Meinung über andere Menschen nicht aus eigenem Antrieb. So handeln sie nicht, weil sie sich eine solche Art selbst auferlegt haben, sondern weil sie nicht ständig jeden beurteilen und schon gar nicht schlecht machen müssen, um dadurch natürlich besser da zu stehen.

Die Großmeister pflegen an den anderen das Positive zu sehen, denn sie begreifen den einzigartigen und unwiederholbaren Wert eines jeden Wesens und häufig betrachten sie ihn ganz natürlich. Auf diese Art handeln sie natürlicherweise konstruktiv, tragen liebevolle und spontane Pinselstriche im Bild, das jeder von uns in unserer Existenz malt. Ihre Vorschläge öffnen unübliche Türen im Leben der anderen, weil sie das Ganze schätzen und weil sie ganz natürlich in einem ständigen Zustand der Kreativität jenseits von formaler Art leben.

Wenn man an die Wurzel einer jeden Sache gelangt, versteht man notwendig den gemeinsamen Ursprung aller Lebewesen. Vielleicht erkennt ein großer Meister deshalb die Tugend der Verschiedenheit und begreift, dass jedes Ding seinen Platz im Weingarten Gottes hat, und nimmt Abstand von der Exklusivität des Fanatikers, der unfähig ist, über den eigenen Tellerrand zu schauen.

Aber der weite Ärmel eines Großmeisters ist die Breite der Sichtweisen und in gewisser Weise der Mangel an Strenge. Ganz im Gegenteil dazu bringt die Meisterschaft Klarheit und praktische Gewissheit, keine Angst und totale Wirtschaftlichkeit. Durch diese Kombination kann er fließend sein und das Fließende macht nicht besessen, hemmt nicht durch formale oder persönliche Engherzigkeit.

Ein Meister ist selbstsicher und braucht daher niemanden, der ihm applaudiert oder ihn verehrt, weshalb er niemals über sich steigt, noch sich höher stellt, als die anderen. Er weiß, dass es mehr gibt, was wir gemein haben, als was uns unterscheidet, weil er eine breite und gütige Vision hat. Die Autorität, die vom Meister ausgeht, ist natürlich und einfach, niemals künstlich oder hochtrabend. Nicht die Kleidung oder die Tonsur macht den Mönch aus, sondern sein Leben. Deshalb lehrt ein Großmeister durch sein Beispiel, denn er weiß sicher, dass es das einzige ist, das eine authentische Spur bei den anderen hinterlässt, das einzig nicht invasive und wahrhaft respektvolle vor der Welt.

Nicht jeder, der sich mit seinen Eroberungen oder Erfolgen brüstet, kann als Großmeister gelten. Um zur Meisterschaft zu gelangen, muss man den formalen Level der Techniken übertreffen und danach auf sie verzichten können. Es gibt Level auf diesem Weg, und keine Geschichte beschreibt diese Stufen besser, als das der Jagdkatzen und der unbesiegbaren Maus im Buch „Kriegskunst" von Sánchez Bárrio, Eurem Diener.

Shoken, Experte der Schwertkunst, wurde von einer großen Maus gestört, die ihn nicht schlafen ließ. Er lud die besten Katzen der Umgebung ein und sein Haus verwandelte sich in eine Kampfarena. Das Ergebnis war stets das gleiche: am Ende flohen die Katzen miauend, entsetzt von den Attacken der Maus.

Shoken entschloss sich, die Maus selbst zu töten. Er griff sie mit seinem Säbel an, aber die Maus wich allen Schlägen aus. Er verstärkte seine Attacken, aber die Maus war unberührbar. In Schweiß gebadet gab er schließlich auf. Eines Tages hörte er eine hungrige Katze reden, die den Ruf hatte, der beste Mäusejäger der Provinz zu sein. Als Shoken sie sah, verlor er alle Hoffnungen; sie war schwarz, alt und in einem traurigen Zustand. Da er aber nichts zu verlieren hatte, trug er sie in seine Wohnung. Die Katze trat langsam ein, als sei nichts geschehen und legte sich hin. Die Maus näherte sich vertrauensvoll und als sie die Katze sah, begann sie zu zögern; sie kam noch ein Stück näher, leicht erschrocken. Die Katze packte sie und brachte sie aus der Wohnung.

In derselben Nacht versammelten sich die Katzen, die am Kampf gegen die Maus teilgenommen hatten, in Shokens Haus und luden die greise Katze ein, um der Tagung über Kampfkünste vorzusitzen.

Eine der Katzen sagte: "Ich bin die Stärkste, ich habe viele Techniken, um Mäuse zu fangen; meine Klauen und Sprünge sind mächtig und ich kenne viele Tricks, aber diese Maus war anders". Die schwarze Katze erklärte: "Kraft und Technik reichen nicht, um zu gewinnen, und sie sind auch nicht Ziel der Kunst".

Dann sprach eine getigerte Katze: "Ich trainiere ständig mein Ki und meine Atmung. Ich ernähre mich von Gemüse und Reissuppe; deshalb bin ich sehr aktiv. Aber ich konnte diese Maus nicht besiegen. Warum nicht?". Die alte Katze antwortete: „Deine Aktivität und Dein Ki sind stark, aber Du bist schwächer, als diese Maus. Wenn Du an Deinem Ki klebst, wird es zu einer leeren Kraft. Wenn Dein Ki zu schnell und zu kurz ist, bist Du nur leidenschaftlich; auch wenn Du viel Ki hast, bist Du schwach, weil Du zu sehr auf Dich vertraust".

Dann sprach eine graue Katze. Sie war nicht stark, sondern intelligent. Sie hatte die Techniken überwunden, aber noch immer Ziele und nützlichen Geist und auch sie musste fliehen. Die schwarze Katze sagte: „Du bist sehr intelligent und stark, aber Du konntest nicht siegen, weil Du ein Ziel hattest. Und die Intuition der Maus war stärker. Du hast es nicht geschafft, Deine Kraft, Technik und Dein aktives Bewusstsein zu vereinen". Ich habe in einem einzigen Augenblick diese drei Fähigkeiten unbewusst, natürlich und automatisch benutzt. Dadurch konnte ich die Maus töten.

Aber, fuhr sie fort, im Nachbardorf kenne ich eine Katze, die noch stärker ist, als ich. Sie ist sehr alt und ihr Haar grau. Sie scheint nicht sehr stark. Sie schläft den ganzen Tag. Sie isst kein Fleisch, nicht mal Fisch; nur Reissuppe … und manchmal ein bisschen Sake. Sie hat nie eine Maus gefangen, weil alle Angst vor ihr haben und vor ihrer Anwesenheit fliehen. Eines Tages betrat sie ein Haus voller Mäuse. Alle flohen schnell und wechselten das Haus. Diese Katze konnte sie sogar schlafend jagen. Diese graue Katze ist wirklich sehr mysteriös.

Ein wahrer Meister ist natürlich und in seiner Komplexität einfach, aber vor allem ist er immer ein glücklicher Typ. Und um es den Katzen nach zu machen, wie Gato Perez in seinem Lied sang: "Wer nicht glücklich ist, ist nicht weise... sondern gar nichts".

Die wahren Meister - 2

"Es gibt niemanden hier, der spricht, Rat gibt, Schmerz verspürt oder irgendetwas empfindet. Wie ein Ball gegen die Wand kommt es zu Ihnen zurück, das ist alles. Mein Diskurs ergibt sich direkt aus Ihren Fragen. Ich habe nichts hier, das mir gehört, keine offene oder geheime Agenda, kein Verkaufsprodukt, keine Axt zum Hacken, nichts zu probieren."

U.G. Krishnamurti

Ein Thema, wie dieses über die Meisterschaft, benötigt viel mehr Platz, als den bisher verfügbaren, und obwohl wir in einer Zeit leben, in der man sich kurz fasst, ist dieser zweite Artikel zu diesem Thema unverzichtbar.

Die Meisterschaft braucht Demut, um authentisch zu sein, wie wir im vorigen Kapitel gesehen haben; Fluss, Strenge und Ökonomie. Ein wahrer Meister sollte außerdem Fröhlichkeit ausstrahlen, denn ohne sie ist er weder Meister noch sonst etwas... Nein. Ich rede nicht von dieser allwissenden, frommen Fröhlichkeit, die mit der Verkündung vom Heiligen Geist zu tun zu haben scheint, des hochnäsigen und transzendenten Erleuchteten, sondern von dieser anderen, die Natürlichkeit und Einfachheit ausströmt. Der Mensch hat nicht viel Grund, fröhlich zu sein, außer aufgrund des schieren Fakts zu leben. Ein Meister weiß, dass dies alles ist und begnügt sich damit, er genießt jede Sekunde seines Lebens und das merkt man.

Meisterschaft ergibt diese ungezwungene Perspektive und Heiterkeit. Diese Typen, die immer ernst scheinen, sind keine Meister, sondern Betrüger, die ihre Rolle spielen oder, nicht weniger schlimm, gepeinigte Schizophrene, die versuchen, sich selbst zu glauben und die anderen glauben zu lassen, sie seien das lebende Abbild des Heiligen Franz von Assisi. Und nicht wenige betreiben die Kampfkünste als Therapie, was sie als Schüler ruhig machen dürfen, aber als Lehrer können sie letztlich nicht vermeiden, dass ihre Pathologien auf ihre Jünger abfärben.

Zu denken, dass man selbst ein besonderes, erleuchtetes, erwähltes Wesen oder o.ä. ist, ist meist ein untrügliches Zeichen dafür, dass da drinnen etwas nicht stimmt. Wer Erscheinungen hat oder nicht, hat mit dem Menü der Existenz zu tun, aber auf dem Rückweg gehen viele verloren oder sie streben danach, nie wieder zu kommen. Solange wir auf dieser Welt sind, ist es das, was wir haben, und zu versuchen, woanders zu sein, ist nicht natürlich, also auch nicht weise. Wer andere von seiner Überlegenheit überzeugen will, begibt sich in Wirklichkeit nach unten. Ein wahrer Meister sucht keine Bestätigung von anderen, er braucht auch nicht die Anerkennung als ein solcher, vielleicht wird er sogar überhaupt nicht wahrgenommen, wenn wir nicht auf die Details achten oder ihn nicht in voller Aktion sehen.

Außerdem muss ein Meister höflich zu seinen Schülern - wenn nicht sogar Kunden - sein, und sie mit Respekt behandeln. Etwas nicht zu wissen, macht Dich nicht geringer als denjenigen, der es weiß. Dies gibt ihm nicht das Recht, Deine Hingabe zu missbrauchen. Ein Meister verlangt - und das soll er auch - absolute Hingabe, aber er darf seine Macht über die Schüler nicht missbrauchen, denn diese wird den Raum des Dojos stets übertreten. In dieser Hinsicht fehlerlos zu sein, ist einem guten Meister ganz natürlich, und wie die guten Meister ist auch dies sehr selten. Jede Beziehung zu großer Ungleichheit ist ein Versuch des Missbrauchs, wenn man nicht gelassen ist, und die Gelassenheit, das Gleichgewicht selbst, ist ein weiteres Zeichen eines echten Meisters.

Natürlichkeit und Einfachheit sind Zeichen der Ökonomie, eine Tugend, die wir schon vorher genannt haben und die wahrhaft unverzichtbar ist bei einem guten Meister. Auch wenn die Regeln des Protokolls im Dojo, Kwon und Studio gewahrt werden sollen, gibt es nichts, was die Natürlichkeit außerhalb ersetzen kann, wenn wahrer Respekt besteht. Ein guter Meister ist, wie Dein eigener Vater auch, so wie er ist. Er ist nicht "Dein Freund", aber er zeigt sich gegenüber seinen Schülern immer freundlich und herzlich. Das macht neben seiner Hingabe die Zuneigung aus, die Schüler für die guten Meister empfinden. Ein Meister wird von seinen Schülern respektiert, aber vor allem geliebt, und das springt immer ins Auge. Ein Verhältnis von Respekt und Zuneigung zu einem Meister ist untrügliches Zeichen dafür, dass er einen guten Charakter hat, und solche Dinge funktionieren eben im Wechsel, das ist schließlich das Gleichgewicht.

Die fromme Verehrung, naja… das ist eine andere Geschichte. Wenn er ein Meister ist, erlaubt er seinen Schülern nicht, ihn zu verehren. Früher oder später werden wir alle gleich sein, weshalb niemand auf irgendetwas stolz sein kann. Die Eitelkeit ist eine Frucht, die auf dem Baum des Trugs reift. Ein guter Meister ist ehrlich und weise und gibt sich dem nicht hin, noch weniger der Idee, dass ihn alle verehren.

Der Fanatismus eines Lehrenden verwandelt sich häufig in den Brunnen der Sklaverei für seine Schüler. Sklave für jemanden da draußen zu sein, der seine inneren Konflikte löst, der für ihn etwas tut, was nichts und niemand außer ihm selbst tun kann, denn der Quell jeden Elends wohnt in unserer Ignoranz. Wir sind alle, und zwar jeder von uns, die einzigen, die etwas für uns selbst tun können, mit großer Anstrengung geleitet und aufrechterhalten im Laufe vieler Jahre. Es gibt keine Autobahn zur Wahrheit, Weisheit oder Wohlgefühl. Wer etwas anderes sagt, der geht den Weg des "Festbindens" und das ist nicht der Weg des Weisen, des Meisters. Ein Meister lehrt Dich zu fischen, er gibt Dir nicht den Fisch, um später Geld dafür zu kassieren, und sei es als Unterwerfung. Fisch zu empfangen schafft Abhängigkeiten, denn die einzige Funktion eines Meisters ist es, Dir dabei zu helfen, Dich von Deiner Scheiße zu befreien, nicht damit Du sie durch andere ersetzt. Abhängigkeitsverhältnisse sind immer schlecht für beide Seiten, so sehr die eine auch im Vergleich zur anderen leuchten mag, und wer so handelt, wird erschöpft, unzufrieden und sogar schlecht aufgestellt sein. Die dunkle Seite der Macht lauert stets auf den Jedi, und manche packt sie voll an den Eiern, denn wenn Du die Macht nutzt, wird sie Dich ganz sicher benutzen. Die dunkle Seite lauert stets, weil sie Dich immer mit der Macht in Versuchung führt, die so nah ist und "ich habe alles gelöst" schreit, so ein Vampir ist sie. Manipuliert werden oder zu manipulieren ist fast das gleiche und alles eins, nämlich Quelle des Schmerzes, der Niederlage und negativer Abhängigkeiten... schlechte Aussicht!... Entfernt Euch davon, denn jede allmächtige Versuchung, sei sie aktiv oder passiv, endet früher oder später schlimm... für alle.

Erleuchtete oder Kirchgänger, es gibt einen Autor, den ich Euch inständig empfehle: U. G. Krishnamurti, der nichts mit dem bekannten Jiddu trotz gleichen Nachnamens zu tun hat. Es gibt viele Gratis-Interviews im Netz von ihm. Hier ist ein Mann, der eine echte Erscheinung hatte und dennoch vorsichtig war, um zu verhindern, dass man ihn verehrte, indem er jedem Prügel androhte, der es versuchte. Er ist zu allem zu gebrauchen und eine wahre Impfung gegen die widerspenstigsten Mystiker. Nehmt Euch die Zeit, ihn zu lesen, wenn es Euch interessiert, obwohl, wie mein Freund Paco zu sagen pflegt, wir ändern uns nicht wirklich, und wer schizophrene Züge aufweist, versucht sich an sein eigenes Ungleichgewicht anzupassen. Die Biologie befiehlt und die "Ideen" verweht der Wind. Zumindest die, die auf der "Grenze" sind, haben hier einen Halt, um die Dinge neu zu erwägen. Mir hat es gut gefallen, ich habe seine Tonausfälle wie bei einem sich suhlenden Schwein gemocht.

Meisterschaft ist jedoch nicht gleichzusetzen mit Perfektion. Das Perfekte existiert nicht, oder anders gesagt, alles ist perfekt, wenn es etwas nicht gibt, kann auch niemand hervorstechen. Ein guter Meister hat einfach einen hohen Grad an Verfeinerung seines eigenen Instrumentes erreicht und interpretiert mit Majestät, Ökonomie und Grazie. Auf seinem Weg ist er auf Schwierigkeiten und Fallen gestoßen, und da wir alle einander ähnlicher sind, als es uns gefallen mag, kann man in einem ehrlichen Kampf seinen eigenen Schluss ziehen. Seinen Wegplan wird er Dir nicht leihen, denn das geht nicht, aber er kann Dich begleiten und Deinen eigenen Plan beleuchten, solange Du mit Deinen eigenen Füßen gehst. Daher nennt man ihn auch Leiter oder Sensei ("zu dem man hinsieht").

Sich Fähigkeiten anzueignen, ist kein Zeichen von Weisheit, sondern sich Fähigkeiten angeeignet zu haben. Ein Meister ist nicht nur fähig, sondern auch weise, daher kann er seine Rolle fehlerlos, und das macht den wahren Meister aus. Der Fähige, so anregend sein Erfolg auch sein mag, denkt, dass er wie Du vielleicht krank wird und sicher, sicher wird er früher oder später auch sterben. Wenn er nicht ist, stirbt er, wenn er nicht scheißt, wird er platzen. Er kann seine Bedürfnisse durch das Training erkennen, aber er hat sie. Er kann die Artikulation seiner Wünsche reduzieren, aber sobald man an der Farbe kratzt, tritt die Schminke zu Tage und man sieht Tatsachen. Wir hier machen alles nebenbei, fast geschenkt würde ich sagen, und dauernd höher zu furzen, als Dein Arsch ist, ist so dumm, wie nach oben zu spucken. Ein Meister mit Niveau weiß das alles und kann daher weder arrogant noch anmaßend sein.

Die Eleganz ist eine weitere natürliche Folge der Meisterschaft. Sie kommt von der Ökonomie beim Gebrauch von Kraft und Energie, auch wenn diese Tugend allein noch keinen Meister macht. Es gibt solche, die Eleganz auf natürliche Weise besitzen, andere wiederum mussten viel mit sich kämpfen, um diese zu erreichen.

Wie ihr seht, ich habe bis zum Schluss damit gewartet zu sagen, was ein Meister ist und nur gesagt, was ein Meister nicht ist. Es gibt immer viele Ratschläge für Suchende, wenn die Einzelheiten so ungewiss sind, wie wir es erleben. Es ist kein sehr schwerwiegendes Problem, sich in der Wahl zu irren, man kann seinen Kurs immer korrigieren, wenn man weiß wie, aber meistens kostet diese Korrektur Schweiß und Tränen. Ich hatte viel Glück auf meinem Weg und habe oder wurde immer von Meistern mit hohem Niveau in verschiedenen Bereichen des Wissens

Kalligraphie: Sensei "Der, den man ansehen muss"

herangezogen, aber mir ist klar, dass ich Glück hatte und dies eben nicht für alle gilt. Ich war immer sehr widerspenstig gegen alles, was nach Guru, Heiligem oder nach Frömmler gerochen hat. Sie fürchten mich, wie ein Nebelgespinst und konnten meinen verbalen Angriffen im ehrlichen Kampf nicht widerstehen. Dennoch habe ich gesehen, wie fromme Anhänger diesen Individuen wie das Kalb dem Schlächter gefolgt sind, und man kann nichts dagegen tun. So geschmacklos ich sie auch finde, sie machen ihre Arbeit, weil jemand das Produkt kauft. Jeder Stock trage sein Segel und zudem, wie mein Freund Lorenzo sagt: „Guru sein, muss sehr anstrengend sein", das heißt, sie tragen auch das ihre. Trotzdem liegt es in meiner Natur, die Peitsche zu schwingen, wenn es nach Devoten, Mystikern oder Erleuchteten riecht, und wenn jemandem meine Schriften auf dem Weg der Freiheit nützen, bin ich glücklich wie ein frisch entwöhntes Hündchen. Ich weiß aber, dass es immer einen Kaputten für einen Aufgetrennten geben wird… Hoffentlich wirst Du es nicht sein, lesender Freund, jemand „außerhalb der Mauer", dies, ich gebe es zu, würde mich über die Maßen freuen.

Die Grade der Meisterschaft

"Nie sagt die Natur das eine und die Weisheit etwas anderes."
Juvenal

Alles auf dieser Welt ist eine Gradfrage. Die Sonne in ihrem Lauf erzeugt in all ihren Graden jene Nuancen des Regenbogens. Selbst zwischen weiß und schwarz ist alles eine Skala von Grautönen, und da es nichts Absolutes gibt, außer der Veränderung an sich, ist auch die Meisterschaft von diesem Gesetz nicht ausgenommen.

Es gibt Meister und ... Meister, aber was sind die Unterscheidungsmerkmale in der Meisterschaft?

Wahr ist, dass wir alle irgendwann Meister und immer Schüler sind, wie das Lieblings-"Motto" (Spruch, Slogan) meines Freundes Avi Nardia besagt. Es gibt sogar einen Refrain, der bemerkt, dass der Kluge mehr vom Dummen lernt, als der Dumme vom Klugen, also lernt der Meister ohne Frage mehr von seinen Schülern, als diese von ihm.

Die Meisterschaft ist etwas Relatives, aber es gibt einen Grad, ab dem jeder Schüler zum Meister wird. Wenn man die Kunst zu beherrschen beginnt, wird sie automatisch zur Bezugsquelle für andere und so wird man, wissentlich oder nicht, beabsichtigt oder nicht, zum Meister.

Zudem wird Wissen angehäuft, es ist ein Prozess der Sättigung; einmal begonnen, ist der Impuls der Trägheit so stark, dass er einfach weiterläuft. Das Schwierigste ist, einmal anzufangen und das muss immer, ausnahmslos, mit Gewalt passieren, denn niemand schlägt freiwillig den Weg des Bewusstseins ein.

Die Meisterschaft ist aber ein Grad auf der Reise des Wissens, ein Grad, mit dessen Eigenschaften ich mich in den vorigen Beiträgen auseinander setzen wollte. Heute will ich dieses Thema aber noch vertiefen, denn ich habe die Verwirrung und das Erstaunen bemerkt, das dieses Thema erzeugt, in diesem Wust von Kategorien, Dans und so viel formaler Ausrüstung, die letztlich nur aus dem Versuch entstanden sind, etwas zu organisieren, was häufig unmöglich zu erklären ist: Das Niveau der Meisterschaft bei seinen Trägern.

Viele Gründer haben versucht, formale Parameter aufzustellen, um die Kategorie der Meisterschaft durch Dans zu definieren; gewiss mit wenig Erfolg. Wie in einer Armee ist der Schritt zum General fast immer eher eine politische Frage, als eine der Kompetenz. Dann gibt es noch die Frage nach der Erfahrenheit und dass jeder gemäß seiner Fähigkeiten seinen eigenen Grad innerhalb dessen, was ihm zugestanden wird, erreicht. Aber ich will hier nicht von formalen Anerkennungen reden. Mag ein jeder denken, was er will, mich interessiert die wahre Unterscheidung der Meisterschaft, die interne Kategorisierung auf einem Entwicklungsniveau, nicht die soziale Bildung. Das ist der Grund für diesen Text und kein anderer.

Die Grade der Meisterschaft lassen sich gut an einer dreiteiligen Pyramide beschreiben: technisch, taktisch und strategisch.

Das technische Niveau meint die perfekte Kenntnis der praktischen Formeln einer Materie und das Beherrschen ihrer formalen Aspekte. Der Techniker begreift, führt aus und erklärt den ganzen technischen Kranz einer bestimmten Schule oder Kunst.

Das taktische Niveau umfasst das Verstehen des Handwerks, das aus den Techniken eines Stils besteht. Der Taktiker ist den Formen aber nicht unterworfen, sondern er ist letztlich in der Lage, aus dem rein speziell Gelernten funktionale Lösungen zu ziehen, die der eigentlichen Struktur Sinn geben. Die Technik ist hier aber nichts als Nachahmen eines engen Korsetts; in den Händen eines Taktikers nimmt die Technik einen Zusatzsinn an, denn er hat kapiert, dass der Zeigefinger nicht der Mond ist. Das ist eine sehr kreative Phase, in der man gerne auf die Funktionalität schaut, wo das Interesse an der Organisation des Wissens und der Verfolgung neuer Formeln liegt.

Das dritte Niveau ist das strategische. Diese Phase ist durch ein freies Urteil und permanente Kreativität gekennzeichnet. Das technische Wissen ist vergessen und die Lösungen sind immer spontan und einzigartig. Es ist durch Fluss und das Fehlen von formalen oder absichtlichen Grenzen charakterisiert. Jetzt gibt es kein Ende mehr, kein Trick, keine Taktik, alles wird durch beständige, fließende Adaption und durch Kreativität ersetzt. Mond und Zeigefinger sind wieder eins, denn man hat die essentielle Einheit verstanden, die hinter der Trennung aller Dinge steht. Von diesem Wissen aus fließen Techniken und Taktiken ohne Anstrengung und ganz natürlich aus solchen Meistern. Nicht Denken oder Handlung, sondern beides in einem; nicht Theorie oder Praxis, richtig oder falsch. Es gibt nur Prinzipien und Kräfte, alles hat sich auf die größte Einfachheit reduziert, auf die Essenz und immer unter der Prämisse eines ökonomischen Gebrauchs der Rekurse, höchste Wirkung mit minimaler Anstrengung. Die vorherigen Entwicklungsgrade nehmen nun Sinn und Zweck an, denn man hat die Notwendigkeit jeder Phase begriffen, aber wie beim Schmetterling wurden sowohl Struktur, als auch Funktion in etwas Neues verwandelt. Es ist die Phase höchster Freiheit. Der Künstler wird selbst zur Kunst.

Diese Metamorphose wird in der japanischen Tradition mit dem Shuhari-Konzept erklärt, einer Idee, die sowohl im Noh-Theater, als auch in der Teezeremonie (Chado) präsent, aber auch auf die Kriegskünste ausdehnbar ist. Obwohl es für viele aus dem Westen ein etwas dunkles Konzept ist (und ich würde sagen, auch für die meisten Orientalen), finde ich es überhaupt nicht esoterisch, eher ein Thema, das mit unserer Materie in perfekter Syntonie ist.

"Shu" bezieht sich auf die Techniken und das Beherrschen der formalen Inhalte einer Kunst. "Ha" bedeutet Phase des Annehmens, des Einsaugens jenes Wissens, bis es unserem Selbst eigen und gleich wird. "Ri" meint die Idee, dass die Kunst im persönlichen Ausdruck und ohne eigene Grenzen wieder aus der Kreativität entsteht, die in der wahren Meisterschaft eines Individuums liegt.

Der Aikido-Meister Kazuo Nomura, mit dem ich über dieses Thema sprechen konnte, erklärte es graphisch, indem er sich aufs Tandem bezog. Die Kenntnisse wären die Sphäre außerhalb von einem selbst, die sich durch Studium und Praxis (Shu) in unser Tandem integrieren würde. Nach der völligen Fusion der beiden (Ha) würde diese Sphäre jeden Tag um mehr und mehr Dinge anwachsen bis zum Satori (Ri).

Sich eine Technik aneignen, ist nur ein Schritt, um sich selbst zu finden, und sobald ein so würdiges Ziel erreicht ist, wird das natürliche Ergebnis das wahre Wachsen sein, die Vereinigung mit dem Universum (das Eine in Bewegung). Dieser Zustand heißt Satori in der japanischen Tradition oder Nirvana in der hinduistischen. Es ist ein transpersönlicher Sprung, aber entgegen den Vorschlägen anderer Wege ist eine solche Suche in den Kampfpraktiken aktiv und setzt keine religiöse Disposition voraus. "Religion" aus dem Lateinischen (Re) "neu" (ligio) "Band" setzt das Wirken von Dritten durch Praktiken voraus, um ein Band mit dem Göttlichen zu knüpfen. Im Zen gibt es nicht mehr Gott, als das Bewusstsein der Einheit. Der Mensch selbst ist Gott, aber diese Verbindung bleibt in den Katalogen verborgen, die unsere Sicht auf die Welt bildet. Eine Einheit, die eher als ein Band eine komplette Fusion ist, ist eine totale

Einheit. Diese Enthüllung prägten mein Freund Sanchez Barrio und ich selbst in jener Nacht voll großer Trinkopfer am Ufer des Alberche, sie ließ uns diesen Gewinn "Refusion" statt Religion taufen.

Die Einsaugung bestimmter hier gestellter Fragen ist nicht das Ergebnis beständiger Anstrengung. Eher noch ist es die Frucht des Lebens und somit der authentischen Weisheit; die wahre Meisterschaft kommt immer nach Jahren. Man muss Zyklen und Rückkehren intensiv erlebt haben, damit die Weisheit nach einer ordentlichen Dosis Ernüchterung erblühen kann. Deshalb korrespondieren die Grade auch mit dem Alter, was zwar für sich noch kein ausreichender Grund ist, aber natürlich ein „sine qua non".

Aus all diesen Gründen müssen das Innere und Äußere zusammen spielen. Wenn jemand nach nur 30 Jahren den achten Dan eines Stils inne hat, kann es zwei Gründe geben: Entweder gibt der Stil nicht mehr her und erklärt und drückt sich nur im technischen Bereich aus, oder der stolze Träger solcher Grade ist ein Clown. Sich Medaillen umzuhängen, erschwert nur die Kleidung, verdienter- oder unverdientermaßen ist es immer ein Unverdienst für einen Stil und eine Schande für den obigen. Die Inflation der Dans, für die jede Organisation anfällig ist, ist letzlich eine Hinterhältigkeit für die Gläubigen, wie auch eine Schmach für die Praktizierenden. Es mangelt an Ehre bei diesem Thema, aber vor allem mangelt es meines Erachtens an echtem Verständnis der Bedeutung der Grade interner Entwicklung, welche die authentische Meisterschaft zeigen und die ich in diesem Text anhand der drei Phasen des Wachstums ordnen wollte.

Dennoch leben wir eher in Zeiten des Bildes, als des Inhalts, daher habe ich daraus nie Eigenwerbung gemacht, unter anderem weil es mir egal ist. Auf meinem eigenen Weg habe ich nicht mehr Achtung, als die, die ich finde (oder sind sie es, die mich finden?). Dennoch finde ich es verrückt und traurig, sich der Tendenz des Kultivierten hin zum Formalen hingeben zu müssen, die totale Aufgabe von Authentizität und dem Wissen des Seins. Dafür zahlt man einen Preis, denn die Weisheit ist der letzte Nektar, der uns Leben schenkt; der Rest verfällt fraglos. Der Versuch, auch dies zu rauben und dem Alter aufzudrängen ist typisch für diese Gesellschaft ewiger Halbwüchsigkeit, die mit dem Rücken zu Alter und Tod lebt. Ein falsches Heranwachsen, rückläufig und rückwärtsgewandt, süßlich, ja glatt. Man gebe Gott, was Gott gehört! Habt doch Geduld,

Ihr Hoheiten, denn mit etwas Glück und wenn die Dinge sich nicht wenden, wird das Alter, laut Groucho Marx, das sein, was Dir passiert, wenn Du fähig bist, genügend zu leben, mit seinem letzten Geschenk und seinen angemessenen Anerkennungen. Tut nun brav die Arbeit, die Eurem Alter und Kondition gemäß sind und alles wird seinen Gang gehen. Und vergesst nicht, dass der, der junge Vögel isst, im Alter... Federn lässt.

Großvater Alfredo Tucci vor "seinen Jungs" an einem unbestimmten Ort in der Provinz von Buenos Aires, Argentinien.

Militarismus und Antimilitarismus

"Ziel des Krieges ist nicht, für Dein Land zu sterben, sondern dass andere arme (Bastarde) für das Ihre sterben."
General Patton

Die Abschaffung des Wehrdienstes in den meisten Ländern des Westens wird als eines der Symbole der Moderne und des Reichtums gelebt. Auch Rom lebte von Söldnern und fiel.

Recht und Pflicht eines jeden Bürgers, der Heimat zu dienen, sind Teil einer wahren Zivilerziehung einer Person. Heute jedoch ist es eine fast unmögliche Aufgabe und ohne jede Anerkennung. Die Abschaffung des obligatorischen Militärdienstes, dem von jungen Leuten so zugestimmt wird, lenkt sie jedoch ab von einer der wenigen Gelegenheiten, die sie im Leben haben werden, ein einzigartiges Erlebnis in der Ausbildung als Personen zu haben. Unsere Vorfahren hatten die letzte Liturgie, ihre Zeremonien für Beginn und Verlauf von Jugend zur Reife, ein Phänomen, das mit der Missbilligung von allem Militärischen zusammen in Ungnade gefallen ist.

Es gibt ein in Europa weit verbreitetes Gefühl gegen alles Militärische, gegen seinen Geist und das, was er darstellt. Die schlechte Presse gegen das Militär und das Militaristische kommt von einer langen Kampagne, die von den Ideologien der europäischen Linken geleitet wurde und die antisemitische Bewegungen in sich vereinen. Es ist ein Anachronismus aus den Zeiten des eisernen Vorhangs und den Parteigängern aus Moskau. Die Antisemiten haben diese Flagge zu der ihren gemacht. Welch Paradoxon! Das Symbol, das sie am meisten charakterisiert und repräsentiert ist das Gesicht eines Guerillero mit militärischem Käppi und Kommandantenstern. Der Mythos eines Typen mit erschreckender Totenliste, dem sie Lobeslieder singen und Filme widmen, mit seinem Foto, das heute den Schweiß der T-Shirts tränkt. Die Jüngsten aber sind von einem seltsamen Remake der Hippie-Ideologie erfasst, wo weibliche und antiautoritäre Werte lagern, denn das Militärische stinkt nach Männlichkeit, so sehr sich diese Uniformsache in den heutigen Zeiten auch vermischt hat.

Universelle Solidarität und Liebe, beides sehr dankenswerte Gefühle zu ihrer Zeit und mit der richtigen Person wurden aus dem

Kontext gerissen, um einer Ideologie zu dienen, die lieber viele zahme Herdentiere hat, so dass man sie besser führen kann, als eine starke, kritische und somit freiere Jugend zu kultivieren.

Damit dies alles auch gemäß des Plans "der Tauben" läuft, braucht man den richtigen Nährboden, eine Gutmenschen- und Kastrationsideologie, die das typische Bild des Guten Wilden zeichnet: Wie böse waren wir Imperialisten der Ersten Welt und wir gut sind alle anderen. Die sind natürliche und gute Menschen mit ihrer Folklore und ihren Farben (ach, wie gut sie uns zu unseren kaputten Jeans stehen), ihren tollen Bräuchen, ihre "super Sensibilität" und Exotismen. Welch Überraschung diese Optimisten am letzten Tag erleben werden.

Die Armeen aus halb Europa gleichen immer mehr dem amerikanischen, voller Ausländer, die mit ihrer Verpflichtung die Staatsbürgerschaft und den Pass bekommen. Ich war nie gegen Söldner. Ich fühle mich irgendwie sehr "Ronin", aber dass das Gros der Leute, die bereit sind, das Land zu verteidigen (und es können), importiert sind, ist meiner Ansicht nach keine gute Idee.

Die USA pflegen wenigstens eine starke militärische Tradition, die es in ihren Reihen noch zum Lokalprodukt macht. Die spanische Regierung sieht es und versucht Truppenpersonal zu bekommen. Es gab sogar schon Werbung im Fernsehen, aber anstatt das Produkt zu "verkaufen", sprechen sie davon, als solltest Du einer NGO beitreten. Kein Wunder, wo das Militärische doch so stinkt, aber sie sind selbst schuld. Seit neustem haben sie es korrigiert und die Aufrufe appellieren nun (natürlich…) an die Sentimentalität.

Soldat sein ist nicht das gleiche wie Zivilist sein. Als Militär ist man es 24 Stunden am Tag, wie ein Arzt oder Polizist. Es sind Berufungen, und wem Waffen, Abenteuer, die Selbstüberwindung und diese militärtypischen, heroischen Dinge gefallen, wie Schüsse abfeuern, dann komm ihm nicht mit der NGO-Nummer. Ohne Berufung laufen die Dinge schlecht: Man hat mir erzählt, dass sich die Fälle durch Krankheit in Spanien vervielfachen, wenn jemand das magische Wort sagt: Tricks. Aber was soll man hoffen, wenn der militärische Geist jahrelang hinten angesetzt und halbiert wurde? Dahinter liegt Magma aus schiefen Gedanken, eine Politik ist Weltanschauung, die alles durchtränken und langsam alle Bereiche der Gesellschaft erreicht.

Das Militärische nährt sich aus anderen Dingen, als aus guten Absichten. Ein Soldat existiert, um töten zu können und um die

Möglichkeit zu vermeiden, dass man ihn oder seine Gefährten töten könne. Seine Funktion ist nicht denken, sondern gehorchen; sein Lebenszwecks ist es nicht, Schulen zu bauen oder Polizist zu sein, sondern Territorien gegen Feinde zu verteidigen.

Die Beschäftigung des Soldaten ist für den Stamm wichtig, für das Land, denn wer hofft, dass der Feind nicht kommt, ist, wie Sun Tsu sagt, "in hundert Schlachten immer verloren". Der Mangel an Krieg und die Technologisierung der Armee haben das Personal verwirrt, dem die Verwirrung gefiel. Wir hatten in Europa viele Jahre keine Kriege, bis uns der Balkankonflikt schlagartig aus diesem Traum riss. Aber hat der das auch wirklich getan? Oder war das etwas, das wir von weitem über die Fernseher erlebt haben, als wäre es ein Film? Als wir entschieden, in dieses Chaos einzugreifen, war es zu spät und wurde schlecht, und das natürlich nur, weil die Amerikaner schon wieder einen Schritt voran waren. Diese Distanz zur Kriegserfahrung hat das Bewusstsein des normalen Europäers so beruhigt, dass er sich niemals als passives Objekt desselben vorstellen kann.

Der vergötterte Frieden ist in vielen Bereichen unmöglich ohne Ausreden. Ich habe schon oft gesagt, dass Frieden nur das Fehlen von Krieg ist, er hat keine eigene Einheit, sondern ist durch einen Mangel definiert. Er ist ein Gott des Loches, den viele entschlossen sind, anzubeten. Die Ausrede aber, das essentielle Werkzeug für den Frieden, basiert auf der Glaubwürdigkeit der Drohung, auf der echten Kapazität der Armeen und die bestehen aus Menschen, nicht nur aus Maschinen. Der normale Europäer glaubt in seinem täglichen Traum von einer technologischen Welt, dass die Armee von ein paar Maschinen, Raketen und solchen Dingen abhängt, die man aus einem warmen Versteck abdrückt oder aus einem Millionen Euro teuren Überschallflugzeug abwirft. Aber in jedem Krieg muss es eine Truppe geben, die das Territorium besetzt. Ohne eine solche Truppe gibt es auch keinen Sieg und ohne den endet kein Krieg. Deshalb sollten die Friedensanbeter den verehren, der ihn möglich macht: die Armeen. Aber diese Sektenmitglieder dämonisieren sie hingegen.

Wenn eine Gesellschaft ihrer Armee eine so wichtige Funktion gibt, wie weiterhin zu existieren, sollte es auch seine Arbeit und Mühen angemessen wertschätzen. Trotzdem ist die Arbeit meist nicht so gut bezahlt und noch schlimmer in diesem antimilitaristischen Kontext. Ohne Geld bleibt nur die Berufung und die ist oft ein Spross, den man kultivieren sollte, anstatt darauf zu treten.

Die Kadettenschulen, eine Institution mit großer Verwurzelung in den USA sind ein großartiger Nährboden für Soldaten und künftige Offiziere, aber wenn sie militärische Werte, Symbole und Traditionen nicht mit Stolz ausdrücken können, weil die Gesellschaft eine antimilitaristische Ideologie hochhält, können sie in Europa schwer funktionieren. Es gibt natürlich ein paar Ausnahmen, aber die Regel ist, gegen das Militär zu sein, außer wenn Santa Barbara ertönt. Es gibt Gott sei Dank einen Teil der Gesellschaft, der nicht in die Falle tappt und noch immer stolz auf seine Fahne auf die Straße geht, um den Soldaten zuzujubeln.

Man kann in der Tat militärischen Geist haben und Zivilist sein. Das Militärische ist eine Lebensform und viele Leute fühlen das. Die Leute "der Ordnung" gibt es, aber es ist nicht Mode so zu sein. Hier sind "alle sind gut" und "alles hat einen Wert" in Mode. Die Intellektuellen schämen sich, sich dem entgegen zu stellen, weil diese Heimatsache atavistisch und für Anfänger ist: "Schluss mit den Grenzen!" fordern sie, aber sie verstehen darunter nur das, was sie wollen, zum Beispiel ihre eigenen Häuser oder Bankkonten, die darf man nicht anfassen!

Wir Menschen sind territoriale Wesen, das liegt in unserer Biologie; die Armeen sind nur die äußere Bildung und die Vereinigung dieses Impulses, die um die Nation herumstehen, um eine Gemeinschaft des Bewusstseins, der Kultur und Geschichte. Sie zu dämonisieren, zu behaupten, alle Wesen im Universum seien gut und zu erwarten, dass diese Dummheit auch noch stimmt, ist nicht nur flegelhaft, sondern gefährlich. Die Dinge können immer schlimmer werden, glaubt mir und dann ist die einzige Trennlinie zwischen Freiheit und Desaster unsere Armee. Wenn wir uns heute nicht vorbereiten, werden wir morgen dafür zahlen, auch wenn es nicht in Mode ist, verdammt! Jemand muss diese Sachen mal sagen … auch wenn ich weiß, dass Knüppel auf mich regnen werden. Europa, Erwache!

Kalligraphie: Stolz

Die Zeichen der Zeit:
Der Tod der Eris und die Perversion des Eros

"Wenn die Frau will, dass der Mann sehr gut ist, muss zunächst sie sehr gut sein. Jeder muss zuerst bei sich selbst anfangen und es nicht vom anderen erwarten, sonst kommen sie beide spät an... vielleicht zu spät."

Adolfo Kolping

Eine Biene saugt Nektar aus einer Blume in meinem Garten. Ihre Beine nehmen den Blütenstaub auf, den sie fleißig zur nächsten Blume tragen; der Kreis hat sich geschlossen. Die Liebe, als universelle Anziehungskraft, Eros in seinem enormen Ausdruck, findet stets Wege. Aber Eros kommt oder zeigt sich nicht allein und man kann ihn nicht ohne seine kleine Schwester Eris begreifen, die universelle Kraft der Abstoßung. Nach unserer Graeco-Römischen Tradition sind diese beiden elementaren und wichtigen Kräfte Kinder des Gottes Chaos, des Nichts, der Unordnung, Taikyoku in der japanischen Tradition und Tao in China.

Die Degradierung dieser Prinzipien im globalen Bewusstsein ist eine pathetische Eigenschaft unserer Zeit. Eris, der Krieg, wird zurückgewiesen und herabgesetzt und nur Eros mit dem langen Haar ein einsamer König in der Welt der Schleimer.

Das Weibliche (Eris) herrscht ohne Umschweife im Hintergrund des kollektiven Bewusstseins, während das Männliche (Eros) unter der kategorischsten Verfolgung leidet, die man sich nur vorstellen kann. Diese Verfolgung erstreckt sich, wie alle universellen Bewegungen, auf jede Ebene, von der ideellen Welt bis zur physischen Ebene. Das Weibliche bewegt sich, das Männliche nicht. Selbst der Textkorrektor, mit dem ich das schreibe, hängt damit zusammen! Das Wort Eros erkennt er, aber immer wenn ich Eris schreibe, weist eine kleine, gestrichelte rote Linie beständig auf einen Fehler hin. Denn alles ist falsch, was nach Mann, Männlichkeit, Autorität oder einem anderen Prinzip, Wert oder Mittel riecht, das in Verbindung mit der armen Eris steht, und sei es auch noch so weit weg. Der Mann ist nicht nur gezähmt, sondern auch unterdrückt und alles, was er repräsentiert, soll kastriert werden.

Es gibt unter den gebildetsten Leuten eine heftige Kontroverse darüber, wo dieser Verfall begann, aber alle nennen einige besonders unheilvolle Episoden der Geschichte. Der Fall der klassischen Götter und die Überlagerung der jüdisch-christlichen Tradition im Westen halfen gewiss nicht. Die Idee der Liebe Christi wurde zweckmäßig vom ursprünglichen Anfangskonzept abgesetzt, bis zum geleckten Wert, den wir heute darin finden. Das Mittelalter und die galante Liebe der Barden half nicht besonders und gab den weiblichen Werten den Vorzug vor jeder harten Weltanschauung. Und was soll man zu diesem Nährboden der Moderne sagen, dem das Frankreich des Sonnenkönigs mit Sinn für Gerechtigkeit voransteht? Und dem Aufkommen der Revolution, die dem Bürgertum Platz machte, wo das Weibliche und die Verweiblichung zwischen Perücken, Absätzen und Puder den besten Ausgangspunkt finden, um die natürliche Beziehung zwischen dem Maskulinen und dem Femininen, zwischen Mann und Frau, täuscht und verfälscht? Nicht zu vergessen ist in diesem schnellen Rückblick diese unglückselige Bewegung des 19. Jahrhunderts, genannt Romantik, wo die Schlaffheit bis zur Krankhaftigkeit geriet und die romantische Liebe Herrschaft erlangte, die sie bis heute nicht wieder aufgab. Blasse Madonnen neben schwachen und sensiblen Galanen, ein schwindsüchtiger Chopin neben einer lesbischen George Sand sind das Beispiel des neuen Idealpaares.

Manche Anthropologen behaupten jedoch, dass die Gründe dieses Wechsels bereits vorher zu finden sind, in der Evolution der Jäger-Gesellschaften zu sesshaften Menschen mit dem Aufkommen des Ackerbaus als Lebensform, der Schritt von einer Mond- zu einer Sonnenzivilisation. Vergessen wir nicht, dass in allen Kulturen die Gottheit des Ackerbaus eine Frau ist. Wir die Jäger, sie die Sammlerinnen. Zweifellos waren es die Frauen und ihre Bedürfnisse, die diese Evolution vermittelten. Die Geburt und Aufzucht der Kinder war besser in einem bekannten, stabilen und sicheren Umfeld, wo Kraft, als wichtigster Wert zum Überleben, von der Kommunikation abgelöst wurde. Kleinigkeiten organisieren ist eine Tugend der Sammlerinnen, ein Nest bauen, ein rein weibliches Konzept. Doch wo auch immer es begann, der Verfallsprozess der Werte der Eris hat noch nie solch eine Geschwindigkeit angenommen, wie in den Zeiten der Moderne. Meine Schwiegermutter behauptet, dass die Mode heute in der Hand von Schwulen liegt und das Frauenbild,

das kränklich, schwach und magersüchtig ist, daher auf den Laufstegen triumphiert. Ganz zu schweigen vom Männerbild, rätselhaft, androgyn, weich und weibisch. Was die Gesetze angeht sind dem Leser sicher nicht die Beschuldigungen entgangen, mit Gesetzen gegen Gewalt, die jeden in einen Verdächtigen verwandeln, der - wie die Sklavin von Sinuhe dem Ägypter sagte - diese kleine Sache unter seinem Lendenschutz versteckt, denn sie ist ihm sicher peinlich. Ich will hier keinesfalls rechtfertigen, wenn Typen Frauen ermorden, was ich jetzt sagen muss, damit ich nicht wegen Unterlassung ins Gefängnis gesteckt werde. Was ich meine ist, dass der Raum, den die "verbreitete Realität" einnimmt, sich nicht mit dem realen Problem deckt. Die Selbstmordrate in einem Land mit relativ niedrigem Prozentsatz, wie in Spanien, überschreitet bereits 3.000 Personen pro Jahr. Auf eine Million Einwohner verteilt sind das 13,1% bei den Männern und 3,5% bei den Frauen. Im gleichen Land wurden im Jahr 2007 71 Frauen von ihren Partnern oder Expartnern getötet.

Jedes Leben ist einzigartig und unwiederholbar und besitzt einen Wert für sich, aber ich möchte das enorme Missverhältnis aufzeigen, das zwischen beiden Zahlen in absoluten Werten existiert, verglichen mit dem Raum, den beide Themen in der Presse und den Medien einnehmen.

Die Entfremdung zwischen Männern und Frauen ist nichts Neues, aber das aktuelle Szenario betont sie. Ich bin davon überzeugt, dass alles im Yin beginnt, wie die Klassiker sagen, und die Perversion bestimmter Prinzipien von der Welt der Ideen aus multipliziert diese Konstante. Die Idee der romantischen Liebe, verewigt in der neuen Mythologie des Kinos, wirkt als starker Beschleunigungsfaktor auf die Zersetzung der Gehirne. Aber die romantische Liebe war nur der Anfang, nun wird das archetypische Bild des "sensiblen" Mannes der starken Frau entgegen gestellt. Im unschuldigen Satz des Sohnes meines Freundes Lorenzo lässt sich dieses neue Paradigma zusammenfassen: "Papa, wieso sind wir Jungs in den Filmen immer dumm und die Mädchen stark und klug?" Wenn ihr an Juan Lorenzo zweifelt, lasst euch nicht das Beispiel der neusten Version von Giselle von Disney entgehen, wo die Prinzessin den Galan im richtigen Leben rettet (tatsächlich der gleiche Schauspieler, der allen Frauen in der Serie "Greys Anatmoy" so gut gefällt).

Der Wert der Subjektivität, der Sensibilität, der Einsamkeit und Empathie ist überall da präsent, wo die Tyrannei herrscht, dass alles

Gegensätzliche als politisch unkorrekt gilt und zensiert oder bestraft werden muss. Die Freiheit des Denkens wurde in einer ideologischen Umgebung, wie der heutigen, bereits sehr mediatisiert, aber die Freiheit des Handelns ist es noch mehr. Früher galten Invasionen als Casus Belli; heute schicken wir NGO´s oder behelmte Heere, die an Antworten gebunden sind, um ihre Arbeit zu machen..., die Auferlegung von weiblichen Werten ist eine Konstante des Verfalls des wahren Freiheitsgeistes, der den Westen groß gemacht hat, und wir bezahlen unser Vergessen teuer.

Die Liebe in ihrer größten Bestimmung ist dem Kampf nicht fremd, und Ueshiba selbst bezieht sie in sein Kanji "Ai" mit ein. "Ai" kann als Einheit übersetzt werden und kann in diesem Sinn mit dem Wort "Liebe" ausgetaucht werden. Der "liebende Budo", auf den sich Ueshiba bezieht, ist kein romantisches Thema, wie es einigen gefallen würde. Damit soll der Vorzug des Prinzips Eros in einer Kunst beschrieben sein, die rein von Eris bestimmt ist, also martial, von Mars. Das Einheitsprinzip, wie es O'Sensei versteht, besagt nicht, dass Dein Angreifer Dich hinführt, wo er will, es handelt sich eher darum, dass Deine Stärke und Flexibilität so ist, dass Du seinen Angriff als Erhabener annehmen kannst, wodurch Du Dich mit Deinem Gegner vereinigen wirst. Das bedeutet nicht, dass Eros über Eris steht, vielmehr erfordert es die Herrschaft beider Prinzipien, Yang über Yin und Yin über Yang, oder auch den Schub des Gegners auszugleichen und ihn bis zur letzten Konsequenz zurückzuleiten, was letztlich bedeutet, dass es sich am Ende in das Gegenteil und in die Ergänzung des Anfangszustandes verwandelt, das heißt, die Kraft, die eingesetzt wird, wird in ihr Gegenteil gekehrt. Die Einsicht von Ueshiba stimmt perfekt überein mit dem Taoistischen Einheitsprinzip, aber der sorgfältige Analyst wird einige technische und formale Tendenzen wahrnehmen, die zu viele Interpreten dieser Kunst in ihrer Umwandlung zum Weiblichen genommen haben. Ich halte dies für tiefen und perversen Verrat an der großen Anfangsidee des Gründers, doch es wundert mich auch nicht angesichts des herrschenden sozialen Paradigmas. Einmal mehr drängt sich das Weibliche auf und die Paar "tanzende" Pantomimin des Aikidokas ist ein entmutigendes Schauspiel für Kampfkunstfans.

Das grausame Paradoxon an dieser Situation liegt darin, dass die Frau selbst am meisten unter dieser Verirrung der Dinge leidet. Der Mann kann die Flucht ergreifen oder untertauchen, die Frau aber bleibt allein vor dem Widerspruch in sich, den ihr das neue Paradigma stellt. Verwirrung, die fehlenden Modelle, auf die man zurückgreifen könnte, auf der Suche nach eigener Identität und Richtung, werden Einsamkeit und Unbehagen, das in ihnen erzeugt wird, nur noch größer. Trübe Aussichten, die die Entfremdung der Geschlechter mit enormen Konsequenzen beschreibt. Im schlimmsten Fall decken sich die Männer mit einer Babydecke zu und weichen fortan den Ohrfeigen aus, die von allen Seiten auf sie einregnen. Das Weibliche wird auf Gefühlsduselei reduziert, verformt und ist auf vielen Ebenen, einschließlich der körperlichen, wo es immer häufiger um künstliche Befruchtung geht, ohne Orientierung. Ein halber Eros im moralischen Sinn lebt behindert an seinem einzigen Fluchtort, dem Hedonismus.

Die Biene, die die Blume aussaugte, kam von "Liebe" angezogen durch die Kraft des Eros, der universellen Anziehungskraft. Die gleiche Kraft, die den Baum zum Licht der Sonne drängt. Neben dem Baum wächst ein weiterer in seinem Schatten, der mit der Macht der Eris reagiert und vom Schatten wegstrebt, um seine Energieration zu suchen. Die Kombination von Eros und Eris schafft das Universum, das wir kennen. Hinter beiden Kräften liegt die vorrangige Einheit, die sie schafft und sich von ihnen nährt, während sie ihnen zugleich Leben gibt. Eine Kraft ablehnen oder gar zu dämonisieren ist so dumm, wie mit einem Bein laufen zu wollen, doch das neue Paradigma hat aus uns allen streitsüchtige Passagiere der Ewigkeit gemacht. Die Fähigkeit, mehr zu sehen, als was erlaubt ist, als die gemeinsamen Orte des aktuellen Denkens, ist eine unverzichtbare Bedingung, um in diesem allgemeinen Untergang zu schweben. Wenn wir außerdem zu einem Kompass greifen und aufhören, die Natur zu leugnen oder zu verbessern, entkommen wir vielleicht ... und wenn nicht... dann rette sich wer kann!

Buchinhalt

Vorwort: Estanislao Cortés *4*

Vorwort: Salomón Castiel *8*

Vorwort:Francisco Suárez *12*

Der heilige Krieger *16*

Anpassung *24*

Die Winde des Lebens *30*

Das Leben *36*

Der kriegerische Geist in Europa *42*

Die Macht des Scheins *48*

Die Ronins *54*

Enthalpie *60*

Notwendigkeit, Wunsch, Absicht *64*

Die Gewalt *70*

Die wahren Meister *76*

Die wahren Meister - 2 . . . . *82*

Die Grade der Meisterschaft *88*

Militarismus und Antimilitarismus *94*

Die Zeichen der Zeit: :
Der Tod der Eris und die Perversion des Eros *100*